**Bibliografische Information der Deutschen Nationalbibliothek:**

Die Deutsche Nationalbibliothek verzeichnet diese Publikation in der Deutschen Nationalbibliografie; detaillierte bibliografische Daten sind im Internet über http://dnb.d-nb.de abrufbar.

**Impressum:**

Copyright © 2017 Studylab

Ein Imprint der GRIN Verlag, Open Publishing GmbH

Druck und Bindung: Books on Demand GmbH, Norderstedt, Germany

Coverbild: GRIN | Freepik.com | Flaticon.com | ei8htz

Bahar Eker

# Beratung von Eltern medienabhängiger Schülerinnen und Schüler in der Sekundarstufe I

2016

# Inhaltsverzeichnis

1 Einleitung .................................................................................................. 6

2 Mediennutzung der Schüler/innen ........................................................ 8
    2.1 Definition von Medien ................................................................................. 8

3 Empirische Befunde ................................................................................ 10
    3.1 Die Ergebnisse der JIM-Studie ..................................................................... 10

4 Mediensucht ............................................................................................ 16
    4.1 Definition von Sucht .................................................................................. 17
    4.2 Stoffgebundene und Stoffungebundene Sucht ............................................. 18
    4.3 Diagnosekriterien und Erhebungsinstrumente ............................................. 18
    4.4 Empirische Befunde ................................................................................... 21
    4.5 Kritik ........................................................................................................ 21

5 Einfluss der Medien auf die Schulleistungen ....................................... 23
    5.1 Die KFN-Studie ......................................................................................... 25
    5.2 Das Fallbeispiel „Ted" ................................................................................ 26
    5.3 Computersuchthilfe für süchtige Schüler/innen ........................................... 27
    5.4 Computersuchthilfe für Lehrer .................................................................... 28

6 Medienerziehung in der Familie ............................................................ 30
    6.1 Strukturwandel der Jugend ........................................................................ 30
    6.2 Familie im Wandel ..................................................................................... 31
    6.3 Veränderungen als Bewältigungsprozess für Eltern und ihre Kinder ............. 33
    6.4 Medienerzieherisches Handeln in Familien ................................................. 35

7 Elternberatung als Teil des Lehrerberufs ............................................. 42
    7.1 Was ist Beratung? ..................................................................................... 43
    7.2 Gesprächstechniken .................................................................................. 44
    7.3 Vorbereitung des Elterngesprächs .............................................................. 51
    7.4 Gesprächsphasen ...................................................................................... 54
    7.5 Schwierige Gesprächssituationen/ Konflikte ............................................... 57

# 8 Medienpädagogische Elternberatung ............ 59
## 8.1 Wie Eltern ihre Kinder im Umgang mit Medien stärken können ............ 60
## 8.2 Mediensuchtprävention ............ 61
# 9 Fazit ............ 63
# 10 Literaturverzeichnis ............ 65
# Anhang ............ 71

# 1 Einleitung

Die zunehmende Durchdringung des Alltags mit digitalen Medien hat einen großen Einfluss auf den Lebensraum der Schüler und Schülerinnen, sodass dieser größtenteils durch digitale Erlebniswelten geprägt ist. Durch die ubiquitäre Verfügbarkeit von Internet, digitalen Kommunikationsmitteln und Computerspielen sowie TV wird den Schülern und Schülerinnen der Sekundarstufe I jederzeitiger Zugang zu virtuellen Welten ermöglicht. „Die tägliche Kommunikation und Vernetzung mittels SchülerVZ und StudiVZ ist ebenso selbstverständlicher Bestandteil des Alltags, wie die Pflege der webgestützten Selbstpräsentation in einem persönlichen Blog oder einer eigenen Website" (Dittler; Hoyer 2010, S. 7). Zudem haben auch digitale Spiel- und Erlebniswelten einen großen Stellenwert in der Freizeit der Schüler/innen. Barsch und Erlinger (2002, S. 54) bezeichnen Kinder und Jugendliche als „Profiteure" der Entwicklung der Medien, die unbefangen und intensiv das nutzen, was vom Mediensystem zur Verfügung gestellt wird. Während hier selbst kleine Kinder involviert sind, z.B. durch das Fernsehen, falten sich für Schüler/innen der Sekundarstufe I die Möglichkeiten, die Angebote des Mediensystems zu nutzen immer weiter aus. Für sie gibt es typische Nutzungsorte, -zeiten und Nutzungsstile, die Jugendliche gemeinsam prägen und nachfragen, (auch) um sich dadurch als Angehörige ihrer jeweiligen Gruppen auszuweisen (vgl. ebd.).

Die excessive Nutzung von Bildschirmmedien kann jedoch zu einer Beeinträchtigung der körperlichen, sozialen und kognitiven Entwicklung führen und so die Chancen auf ein erfülltes und gelingendes Leben verringern. Daher ist es wichtig, dass für Schüler/innen eine Grundlage geschaffen wird, die einen dosierten, aktiven und technisch versierten Umgang mit Bildschirmmedien zur Bereicherung ihrer Lebenswelt ermöglicht. Dadurch dass die Mediensucht in den letzten Jahren die wissenschaftliche Aufmerksamkeit errungen hat, bekommt der Schutz vor problematischer Bildschirmmediennutzung eine neue Dringlichkeit. Das Ausmaß der Mediennutzung von Schüler(n)/innen hängt stark von der Mediensozialisation im Elternhaus ab. So können Formen der Medienerziehung im Elternhaus z.B. das Risiko für Computerspielabhängigkeit oder für die suchtartige Nutzung sozialer Netzwerke erhöhen. „Als erste Konsequenz aus dem vermehrten Auftreten von Mediensucht in diesem Sinne ergibt sich die Forderung, dass gelingende Medienerziehung heute keinesfalls mehr unreflektiert in immer weiter zunehmender Nutzung von Bildschirmmedien bestehen kann, sondern immer den Aspekt der Vorbeugung gegen problematische und sogar suchtartige Nutzung, also die 'Mediensuchtprävention' mit berücksichtigen muss" (Bleckmann et al. 2013, S. 1). Daher wird vor allem Eltern eine wesentliche Rolle zugeschrieben. Daher sollen in der vorliegenden Arbeit innovative Präventionsmaßnahmen zur Beratung von Eltern medienabhängiger Schüler/Schülerinnen in der Sekundarstufe I dargestellt werden.

Für diesen Zweck wird zunächst im ersten Teil der Arbeit ein theoretisches Fundament geschaffen. Diesbezüglich werden allgemein relevante Definitionen von Medien und Sucht herangezogen, die für das Verständnis dieser Arbeit einen elementaren Charakter aufweisen. In diesem Zusammenhang wird die exzessive Mediennutzung bzw. die Mediensucht von Schüler(n)/innen dargestellt. Einen Schwerpunkt dieser Ausarbeitung bildet die JIM-Studie, die für die Untersuchung der Medienausstattung und des Medienkonsums der Schüler/innen in ihrer Freizeit herangezogen wird. Anschließend wird der Einfluss der exzessiven Mediennutzung auf die Schulleistungen herausgearbeitet. Im zweiten Teil der vorliegenden Arbeit soll auf die Medienerziehung in der Familie eingegangen werden. Hier wird unter anderem deutlich, dass der übermäßige Mediengebrauch der Schüler/innen ihre Eltern vor große Herausforderungen stellt. Zudem zeigen die Ergebnisse im ersten Teil der Arbeit, dass die Schulleistungen stark durch die Medienabhängigkeit der Schüler/innen beeinträchtigt werden. Im Hinblick darauf ist es essentiell, dass Eltern und Lehrer miteinander kooperieren. Daher soll hier abschließend die medienpädagogische Elternberatung, die auch als Aufgabe der Lehrer angesehen wird, aufgeführt werden.

## 2 Mediennutzung der Schüler/innen

Die zahlreichen Facetten der Digitalisierung spielen heutzutage eine große Rolle in der Entwicklung der Schüler/innen. Der Umgang mit Computer, Handy oder Internet ist selbstverständlich und wird nicht hinterfragt oder als etwas Besonderes betrachtet. Er ist nämlich voll und ganz in den Alltag und die Alltagskommunikation der Schüler/innen integriert. Diese Tatsache ruft bei den Erwachsenen von Anfang an Skepsis hervor, sodass sie für jede Art von Missständen schnell die Medienwelt der Jugendlichen verantwortlich machen. Hierbei handelt es sich um eine Medienwelt, die vielen Erwachsenen kaum oder nur oberflächlich bekannt ist und zu der sie meist auch wenig Zugang haben oder wollen. Es ist deutlich, dass die letzten zehn Jahre durch einen enormen Wandel des Medienangebots geprägt sind. Hier ist nämlich eine rasante technische und inhaltliche Entwicklung von digitalen Medien zu beobachten (vgl. Feierabend 2010, S. 29). Besonders diese bieten eine Fülle von Anwendungsmöglichkeiten und sind dadurch zu einem wichtigen Bestandteil des Alltags von Schüler(n)/innen geworden.

### 2.1 Definition von Medien

Der Medienbegriff taucht sowohl in der Umgangssprache als auch in der pädagogischen Diskussion und Literatur in verschiedenen Zusammenhängen auf. Hier wird z.B. thematisiert, dass Medien das Lernen unterstützen sollen oder dass die Medien zu heimlichen Erziehern geworden sind. Zudem wird angenommen, dass das Medium „Werbung" dazu führt, dass sich bei Schüler(n)/innen eine Konsumorientierung ausgebreitet hat. Darüber hinaus wird diskutiert, dass Medienkunde als unterrichtliches Fach eingeführt werden sollte und dass Lehrpersonen eine medienerzieherische Ausbildung benötigen. So wird zum Teil ein unklarer Medienbegriff verwendet, der unter Umständen zu widersprüchlichen Aussagen führt.

Der Begriff „Medium" meint in der Regel ein Mittel oder einen Mittler bzw. etwas „Vermittelndes". Er wird für sehr unterschiedliche Sachverhalte verwendet wie z.B. Tafel und Kreide, Landkarte und Atlas, für Radio und Fernsehen, für Hörspiel und Unterrichtsfilm, für Lehrervortrag und Arbeitsblatt etc. (vgl. Tulodziecki 1997, S. 33). Somit werden als Medien materielle oder immaterielle Formen bezeichnet, in denen sich ein Inhalt oder Sachverhalt einem Subjekt darstellt. „Medien fungieren als Bedeutungsträger, die Subjekt und Welt miteinander verbinden" (Schachtner 2005, S. 1278). So können Medien als Mittler verstanden werden, durch die in kommunikativen Zusammenhängen bestimmte Zeichen mit technischer Unterstützung übertragen, gespeichert, wiedergegeben oder verarbeitet und in abbildhafter oder symbolischer Form präsentiert werden. Dabei fungieren die Zeichen als Träger von Bedeutungen für die an der Kommunikation beteiligten Personen (vgl. Tulodziecki 1997, S. 37).

Vor diesem Hintergrund ist der Begriff „Neue Medien" zu nennen, der in den 70er Jahren auftritt, „und zwar als Oberbegriff für alle Verfahren und technischen Mittel, die mithilfe innovativer oder erweiterter Technologien neuartige, also in dieser Art bis dahin nicht gebräuchlichen Nutzungsformen bereits vorhandener Massen- und Speichermedien wie Kabel und Satellitenfernsehen, Bildschirmtext, Videografie oder Bildplatte ermöglichten" (Hüther 2005, S. 346). Heute wird der Begriff vorwiegend als Bezeichnung für die auf digitaler computertechnischer Basis arbeitenden vernetzten Multimediatechnologien verwendet. Somit stehen vor allem technische Aspekte und die dadurch neu erschlossenen Nutzungsbereiche sowie ihr alltagsrelevanter Gebrauchswert im Vordergrund. Zu den Merkmalen neuer Medien zählen Digitalität, Vernetzung, Globalität, Mobilität, Konvergenz und Interaktivität. In diesem Zusammenhang kann das „Handy" mit seinen zahlreichen Funktionen (Tuner, Digitalkamera, Internetzugang, integrierten Spielen, etc.) als Beispiel aufgeführt werden. Hier ist eine Verkoppelung von Einzelmedien zu Multimedia-Systemen zu erkennen, was auf den Nutzer konsumstimulierend wirkt. „Die Multifunktonalität ihrer Inhalte und die Breite ihres Nutzungsspektrums sind wesentliche Gründe für die Attraktivität und steigende Akzeptanz der Neuen Medien" (ebd. S. 348)

# 3 Empirische Befunde

## 3.1 Die Ergebnisse der JIM-Studie

Die JIM-Studie gibt seit 1998 jährlich eine Untersuchung zu der Mediennutzung der Jugendlichen im Alter zwischen zwölf und 19 Jahren in Deutschland heraus. So ist die JIM-Studie inzwischen zu einem Standardwerk geworden, das regelmäßig über die aktuellen Entwicklungen des Medienumgangs von Schüler(n)/innen in Deutschland informiert. Sie liefert Informationen zur Geräteausstattung, zu Freizeit- und Medienbeschäftigungen, zu Fragen der Medienbindung, zum Stellenwert von Fernseher, Radio, Computer und Internet sowie des Mobiltelefons (vgl. Rathgeb 2012, S. 45). Hier werden die wichtigsten Kennzahlen wie Häufigkeit und Dauer sowie inhaltliche Aspekte abgebildet. „Einen Schwerpunkt bildet 2015 das Interesse an verschiedenen Themen sowie die hierfür präferierten Informationskanäle" (JIM-Studie 2015, S. 3). Zudem werden in der JIM-Studie 2015 als weitere Aspekte die Nutzung von Bewegtbildangeboten auf den verschiedenen Plattformen und damit die Relevanz von linearen und non-linearen Angeboten für die „Generation Smartphone" dargestellt (vgl. ebd.).

### 3.1.1 Medienausstattung der Schüler/innen

Die technischen Möglichkeiten für Schüler/innen, Medien zu nutzen, sind mittlerweile enorm. Die Haushalte, in denen Schüler/innen heutzutage aufwachsen, sind in hohem Maße mit Mediengeräten ausgestattet. So sind in praktisch allen Familien Mobiltelefone (meist Smartphones), Computer/Laptop sowie Fernseher und ein Internetzugang vorhanden. 93 Prozent der Haushalte haben eine Digitalkamera. Zudem sind MP3- und DVD-Player jeweils in etwa neun von zehn Haushalten vorhanden. Auch mobile Spielkonsolen oder ein Tablet-PC finden zunehmend mehr Verbreitung und stehen in jeweils drei von fünf Familien zur Verfügung. Mittlerweile sind auch in 45 Prozent der Familien ein Fernsehgerät mit Internetzugang vorhanden (vgl. JIM-Studie 2015, S. 6).

Jenseits der Haushaltsausstattung sind die Medien von besonderem Interesse, die sich im eigenen Besitz der Schüler/innen befinden, über die sie also mehr oder weniger frei verfügen können. Hier steht mit einer Besitzrate von 98 Prozent das Handy bzw. Smartphone an erster Stelle (vgl. Abb. 1). Zudem kann man an der Abbildung erkennen, dass neun von zehn Schüler(n)/innen vom eigenen Zimmer aus mit einem Tablet, Laptop oder Computer ins Internet gehen können. So besitzen etwa drei Viertel der Schüler/innen einen eigenen Laptop oder Computer (76 %) , knapp sechs von zehn Schüler(n)/innen verfügen über einen MP3-Player (59

%) oder einen Fernseher (57 %). Des Weiteren hat fast jeder Zweite ein Radio (54 %) im eigenen Zimmer und eine Spielkonsole. Auch haben die Schüler/innen die digitale Fotografie für sich entdeckt, sodass 47 Prozent der Schüler/innen eine Digitalkamera besitzen. Darüber hinaus wird es deutlich, dass mit 29 Prozent knapp ein Drittel der Schüler/innen über einen eigenen Tablet-PC verfügt, und etwa jeder Vierte besitzt einen DVD-Player (26 %) oder einen DVD-Rekorder mit Festplatte bzw. eine Set-Top-Box (23 %) zum zeitversetzten Sehen. So haben auch 15 Prozent der Schüler/innen einen Fernseher mit Internetzugang im eigenen Zimmer stehen, während E-BookReader mit neun Prozent noch die geringste Verbreitung finden (vgl. JIM-Studie 2015, S. 7).

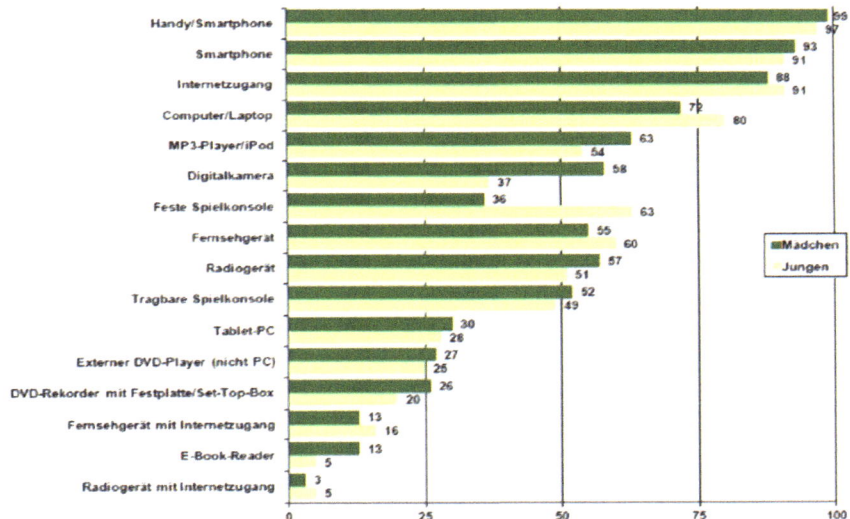

Abb. 1: Gerätebesitz Jugendlicher 2015
Quelle: JIM-Studie (2015), S. 8

Vergleicht man die Ergebnisse der Studie 2015 mit den Ergebnissen aus dem Vorjahr, zeigt sich bei Schüler(n)/innen die deutlichste Steigerung der Besitzrate bei Tablet-PCs (+9 PP). „Stationäre Spielkonsolen (+5 PP) und Smartphones (+4 PP) sind ebenso etwas weiter verbreitet als im Vorjahr" (JIM-Studie 2015, S. 7). Dagegen ist der Trend bei MP3-Playern weiterhin rückläufig (-7 PP) und auch Digitalkameras (-6 PP) scheinen immer öfter nicht mehr zusätzlich zur Smartphone-Kamera benötigt zu werden (vgl. ebd.).

Des Weiteren sind hier auch geschlechtsspezifische Unterschiede zu erkennen. So sind MP3-Player (Mädchen: 63 %, Jungen: 54 %), Radio (Mädchen: 57 %, Jungen: 51 %), DVD-Rekorder mit Festplatte (Mädchen: 26 %, Jungen: 20 %) und E-Book-Reader (Mädchen: 13 %, Jungen: 5 %) bei Mädchen häufiger zu finden als bei Jungen. Gleiches gilt auch für Digitalkameras und in geringem Maße für Handy/Smartphone, Tablet-PC und externe DVD-Player. Die deutlichsten Unterschiede sind hinsichtlich der Ausstattungsrate mit festen Spielkonsolen (Mädchen: 36 %, Jungen: 63 %) und Digitalkameras (Mädchen: 58 %, Jungen: 37 %) zu erkennen. Auch bei Computer/Laptop (Mädchen: 72 %, Jungen: 80 %) differiert die Besitzrate. Ansonsten sind die Zugangschancen zwischen den Geschlechtern weitgehend gleich verteilt (vgl. Abb. 1).

Darüber hinaus verdeutlicht die JIM-Studie, dass es hinsichtlich der Geräteausstattung kaum mehr merkliche Unterschiede gibt zwischen den Schüler(n)/innen der Sekundarstufe I und den älteren Befragten. „Einzig bei der Ausstattung mit Computern/Laptops (12-13 Jahre: 63 %, 18-19 Jahre: 93 %) und Fernsehgeräten (12-13 Jahre: 42 %, 18-19 Jahre: 69 %) zeigt sich noch eine deutliche Steigerung der Besitzrate" (ebd., S. 8). So ist die mobile Spielkonsole wie in den vergangenen Jahren weiterhin das einzige Mediengerät, dessen Besitzrate mit zunehmendem Alter der Schüler/innen zurückgeht (12-13 Jahre: 57 %, 18-19 Jahre: 44 %) (vgl. ebd.).

### 3.1.2 Medienkonsum in der Freizeit der Schüler/innen

Die Ergebnisse zum Gerätebesitz belegen, inwieweit die Medien inzwischen zu einem selbstverständlichen Bestandteil der Lebens- und Alltagswelt der Heranwachsenden geworden sind. Demzufolge wachsen Schüler/innen heutzutage mit einem enorm breiten Medienrepertoire auf. „Eine zentrale Kenngröße der Mediennutzung ist nach wie vor die Untersuchung der Nutzungshäufigkeit, da sie einen Hinweis auf die Alltagsrelevanz der jeweiligen Medien gibt" (JIM-Studie 2015, S. 11). Betrachtet man die tägliche Nutzung der Medien, ist das Handy mit Abstand das am häufigsten verwendete Medium, da neun von zehn Schüler(n)/innen ihr Mobiltelefon täglich nutzen. Darauf folgt auf Platz zwei das Internet, dessen Dienste vier Fünftel der Schüler/innen täglich in Anspruch nehmen. Zudem hören drei von fünf Befragten täglich MP3-Dateien und gut die Hälfte zählt zu den täglichen Radiohörern und Fernsehzuschauern (vgl. ebd.).

Im Hinblick auf die regelmäßige Nutzung der Medien in der Freizeit (mindestens mehrmals pro Woche) kann man feststellen, dass sich an der generellen Rangfolge nichts Grundlegendes ändert (vgl. Abb. 2). So gehören in erster Linie Handy- und

Internetnutzung zum festen Alltagsrepertoire. Auch der Fernsehen wird regelmäßig genutzt und spielt mit 80 Prozent weiterhin eine zentrale Rolle im Alltag der Schüler/innen. Des Weiteren hat hier auch Musik einen hohen Stellenwert. So gehören die Audiomedien Radio und MP3 mit drei Vierteln regelmäßigen Nutzern zum Alltag. Etwa die Hälfte der Schüler/innen fotografiert regelmäßig mit einer Digitalkamera. Außerdem stellt für knapp jeden Zweiten das Spielen von digitalen Spielen am PC, an der Konsole oder im Internet eine reguläre Freizeitbeschäftigung dar. 38 Prozent der Schüler/innen schaut sich regelmäßig Filme auf DVD oder Video an. Ferner lesen knapp zwei Fünftel regelmäßig gedruckte Bücher (36 %), während E-Books noch nicht im Alltag verankert sind und nur von fünf Prozent der Schüler/innen regelmäßig genutzt werden. „Knapp jeder Dritte nutzt mindestens mehrmals pro Woche einen Tablet-PC (30 %), ein Viertel beschäftigt sich mit Offline-Tätigkeiten am Computer (24 %)" (ebd.). Ebenso liest jede/r vierte Schüler/in regelmäßig in einer gedruckten Tageszeitung, während 15 Prozent die Online-Version bevorzugen. So wird es deutlich, dass insgesamt 34 Prozent der regelmäßigen Nutzer das Zeitungsangebot wahrnehmen. Darüber hinaus kann man anhand der Abbildung feststellen, dass etwa jeder Fünfte zu den Lesern gedruckter Zeitschriften oder Magazine (19 %) gezählt werden kann, während 15 Prozent die Online-Ausgabe der jeweiligen Titel präferieren. Zudem hören 14 Prozent der Schüler/innen Hörspielkassetten oder -CDs und zwölf Prozent drehen regelmäßig selbst digitale Filme. „Kinobesuche sollten sinnvoller Weise über eine etwas weitere Zeitspanne betrachtet werden: Innerhalb von 14 Tagen gehen 16 Prozent der Jugendlichen ins Kino, 62 Prozent sehen dort mindestens einmal im Monat einen Film an" (JIM-Studie 2015, S. 12). Dennoch lässt sich hieraus erschließen, dass das Kino im Vergleich zu den anderen genannten Medien einen geringeren Stellenwert für Schüler/innen einnimmt.

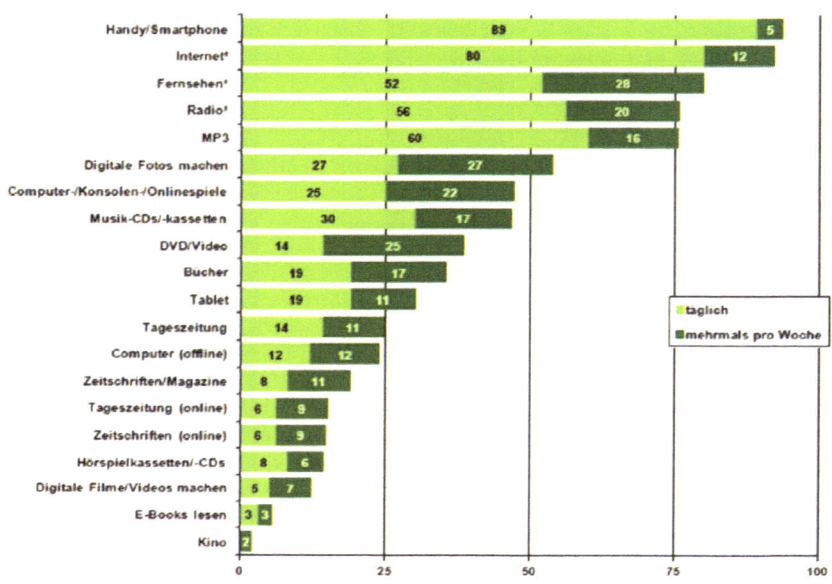

Abb. 2: Medienbeschäftigung in der Freizeit 2015'
Quelle: JIM-Studie (2015), S. 11

Im Hinblick auf die Medienbeschäftigung in der Freizeit präsentiert die JIM-Studie auch hier einen Vergleich zwischen Mädchen und Jungen (vgl. Abb. 3). Demzufolge widmen sich regelmäßig deutlich mehr Mädchen als Jungen in ihrer Freizeit der digitalen Fotografie (Mädchen: 63 %, Jungen: 46%). Des Weiteren zeigen sie eine merklich höhere Affinität zum Bücher lesen (Mädchen: 45 %, Jungen: 27%). Dagegen nutzen mehr als viermal so viele Jungen wie Mädchen regelmäßig digitale Spiele (Mädchen: 17 %, Jungen: 76%). Hier zeigt sich auch eine Präferenz der Jungen bei der Nutzung von DVD/Video (Mädchen: 33 %, Jungen: 43%), Tablets (Mädchen: 27 %, Jungen: 32%) sowie Tageszeitungsinhalten (Mädchen: 20 %, Jungen: 30%). „Im Vergleich zum Vorjahr zeigt sich beim Anschauen von DVDs und Videos (+6 PP) sowie bei der Nutzung von Hörspielen (+4 PP) auf CD oder Kassette ein Zuwachs in der Nutzungshäufigkeit, während hinsichtlich der Nutzungsfrequenz der PrintTageszeitung (-7 PP) ein Rückgang sichtbar wird" (JIM-Studie 2015, S.13).

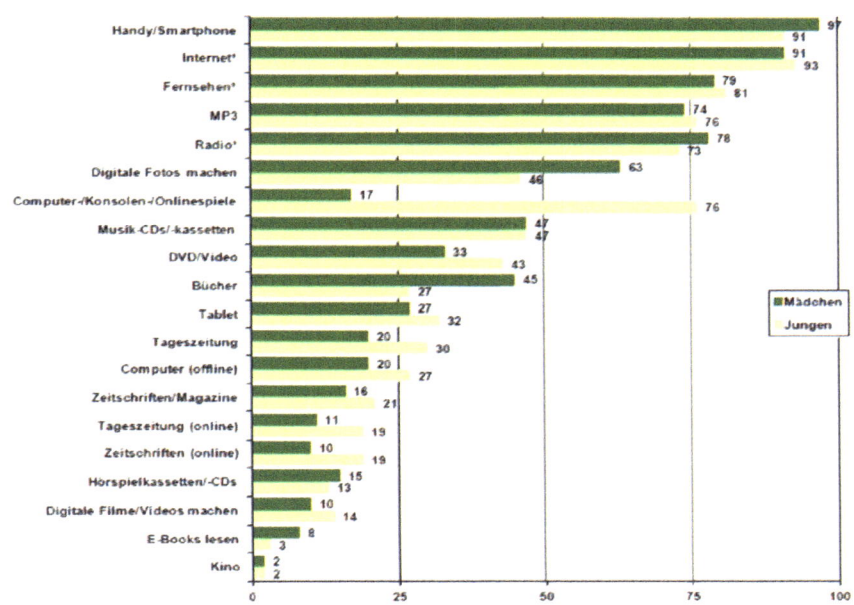

Abb. 3: Medienbeschäftigung in der Freizeit 2015 – täglich/mehrmals pro Woche (Vergleich zwischen Jungen und Mädchen)
Quelle: JIM-Studie (2015), S. 12

## 4 Mediensucht

Bildschirmmedien wie Fernsehen, Computer, Spielkonsolen (Videospiele) und zunehmend auch Mobiltelefone (Smartphones) spielen eine wesentliche Rolle im Leben von Schüler(n)/innen (vgl. Spitzer 2012, S. 79). Daher steht der Medienkonsum von Schüler(n)/innen seit langer Zeit im Fokus des öffentlichen wie wissenschaftlichen Interesses. „Galt die Aufmerksamkeit zunächst dem Fernsehkonsum, Neil Postmans Diagnose vom 'Verschwinden der Kindheit' (1984) ist ein prominentes Beispiel hierfür, sind aktuell vor allem interaktive Medienbeschäftigungen wie das Computerspielen und bestimmte Internetnutzungsweisen von Interesse" (Baier; Rehbein 2010, S. 243). Hierbei gilt das Interesse einerseits der Dauer der Beschäftigung und andererseits der Verfügbarkeit gewalthaltiger oder pornographischer Inhalte, die mögliche Entwicklungsschäden hervorrufen können. Diese Aspekte geraten auch deshalb verstärkt in den Blick, da mittlerweile nahezu jeder Schüler und jede Schülerin Zugang zu den entsprechenden technischen Voraussetzungen hat (vgl. ebd.). In diesem Zusammenhang stellt insbesondere die Dauer und Intensität der Computer- und Internetnutzung von Schüler(n)/innen ein großes Problem dar. Allerdings ist das Wissen über die exzessive Computer-und Internetnutzung der Schüler/innen noch sehr begrenzt und bezieht sich im Wesentlichen auf Computerspiele. „Auf der Basis einer repräsentativen Studie an Schülerinnen und Schülern der 9. Klassen schätzen Rehbein et al. (2010) drei Prozent der männlichen und 0,3 % der weiblichen Jugendlichen in Deutschland als abhängig vom Computerspielen ein" (Thomasius; Aden; Petersen 2012, S. 91).

Empirische Studien haben gezeigt, dass Computerspielsucht oder pathologischer Internetgebrauch in schwerer Ausprägung häufig mit komorbiden psychischen Störungen ( z.B. Depressionen, Angststörungen, Aufmerksamkeits-Hyperaktivitätssyndrom) assoziiert sind. Allerdings wird auch darauf hingewiesen, dass Computerspielsucht bei Schüler(n)/innen über Jahre fortdauern kann, nicht generell aus dem Bestehen anderer psychiatrischer Störungen erklärt werden kann und auch Depressionen, Ängste und reduzierte Schulleistungen zur Folge haben kann (vgl. ebd.). Es besteht bisher keine Einigung darüber, ob es sich bei diesem Phänomen um eine eigenständige

Krankheit oder das Symptom einer bereits bekannten psychischen Erkrankung und eine Abhängigkeitserkrankung im engeren Sinne oder um pathologischen Computer- bzw. Internetgebrauch im Sinne einer Impulskontrollstörung handelt (vgl. Vukicevic; Wildt 2012, S. 99).

„Entgegen der Erwartungen wurde die Internetabhängigkeit auch im Jahr 2013 nicht in das Diagnostic and Statistical Manual of Mental Disorders (DSM) der American Psychiatric Association (APA) aufgenommen, in dem seit 1952 psychische Erkrankungen kategorisiert werden" (Rommeley 2014, S. 6). So wird es weiterhin diskutiert, ob es sich bei der Internetabhängigkeit um eine stoffungebundene Sucht als eigenständige und nach einheitlichen Kriterien diagnostizierbare Erkrankung handelt und als solche aufgenommen werden kann. Hier ist eine weiterführende Forschung notwendig, um festzustellen, ob im Zusammenhang mit dem exzessiven und pathologischen Computerspielbzw. Internetgebrauch tatsächlich von einer Sucht im Sinne eines klinischen Krankheitsbildes gesprochen werden kann (vgl. ebd.).

## 4.1 Definition von Sucht

In den Medien tauchen oft Begriffe wie „Internetsucht", „Onlinesucht", „pathologischer Internetgebrauch", „Computerspiel-Sucht" oder allgemein auch „Mediensucht" auf (vgl. Broschüre der Computersuchthilfe für Jugendliche, S. 7). Um die Bedeutsamkeit und die Wirkung einer Sucht für betroffene Schüler/innen aufzuzeigen, soll der Begriff „Sucht" zunächst näher erläutert werden.

Der Begriff „Sucht" stammt vom althochdeutschen Wort „siech" ab und ist eine Bezeichnung für Krankheit (vgl. Klein 2008, S. 2). Heutzutage werden zahlreiche Substanzen und Stoffe mit dem Begriff Sucht in einen Kontext gebracht. Demnach definiert die Weltgesundheitsorganisation (WHO) 1957 „Sucht" als einen Zustand periodischer oder chronischer Vergiftung, hervorgerufen durch den wiederholten Gebrauch einer natürlichen oder synthetischen Droge, was durch folgende vier Kriterien gekennzeichnet ist:

1. Ein unbezwingbares Verlangen zur Einnahme und Beschaffung des Mittels,
2. eine Tendenz zur Dosissteigerung (Toleranzerhöhung),
3. die physische und meist auch psychische Abhängigkeit von der Wirkung der Droge,
4. die Schädlichkeit für den Einzelnen und/ oder die Gesellschaft (Quelle: DrogenGenussKultur).

Im Jahre 1964 hat die Weltgesundheitsorganisation (WHO) den Begriff „Sucht" durch den Begriff der „Abhängigkeit" ersetzt. Dennoch werden in Deutschland heute beide Begriffe gleichbedeutend verwendet, so auch in dieser Arbeit. Allerdings wird hier zwischen „stoffgebundenen Süchten" und „stoffungebundenen Süchten" unterschieden.

## 4.2 Stoffgebundene und Stoffungebundene Sucht

Die „stoffgebundene Sucht" bezieht sich gewöhnlich auf eine Droge, d.h. eine bestimmte Substanz, wobei die Aufnahme der Droge Priorität gegenüber anderen Verhaltensweisen erlangt, die früher einen höheren Stellenwert hatten. Demnach tritt das zwanghafte Bedürfnis und die zwanghafte Suche nach der Droge in den Vordergrund. „Eine solchermaßen definierte Abhängigkeit setzt ein Verlangen voraus, dem sich Kognitionen, Emotionen und Verhaltensweisen unterordnen" (Baier; Rehbein 2010, S. 245). Die Sucht ruft negative Auswirkungen in verschiedenen Lebensbereichen hervor wie z.B. der Berufsausübung oder den sozialen Kontakten. Im Rahmen dieser Definition lassen sich z.B. Alkoholsucht, Heroinsucht usw. als Abhängigkeit ohne weiteres klassifizieren. Es gibt jedoch auch Hinweise, dass nicht allein eine Sucht von bestimmten Substanzen, sondern auch von bestimmten Verhaltensweisen bestehen kann. Dieses wird als „stoffungebundene Sucht" bezeichnet (vgl. ebd.). Dabei stellt sich der gewünschte, als Belohnung empfundene psychotrope Effekt (Kick-Erleben, Entspannung, Ablenkung) durch körpereigene, biochemische Veränderungen ein, die durch bestimmte exzessiv durchgeführte Verhaltensweisen ausgelöst werden (vgl. Mücken, S. 10). „Gemeinsames Merkmal der verschiedenen Formen der Verhaltenssucht ist somit die exzessive Ausführung des Verhaltens, also eine Ausführung über das normale Maß hinaus" (ebd.).

## 4.3 Diagnosekriterien und Erhebungsinstrumente

In den gängigen Klassifikationssystemen (ICD-10 oder DSM-IV) zählen zu den Abhängigkeitserkrankungen bisher ausschließlich stoffgebundene Süchte wie Alkohol und illegale Drogen. Stoffungebundene Verhaltenssüchte wie Computerspielsucht werden bislang unter „Störungen der Impulskontrolle" eingeordnet. „Die Merkmale einer Medienabhängigkeit weisen in ihrer Phänomenologie aber auch eine sehr große Ähnlichkeit mit den Merkmalen einer stoffgebundenen Abhängigkeit auf" (Teske 2009, S. 333). Demzufolge ergab eine Untersuchung, dass bei Computerspielsüchtigen dieselben Hirnareale emotional angesprochen werden wie bei einem Alkoholabhängigen (vgl. ebd.).

Von der „stoffungebundenen Sucht" wird dann gesprochen, wenn ein Verhalten in der Intensität so stark ausgeprägt ist und in seiner Funktionalität so eingesetzt wird, dass die Kriterien der Abhängigkeit erfüllt sind. So entwickelte der Fachverband für Medienabhängigkeit auf der Grundlage des aktuellen Forschungsstandes und der Erfahrungswerte Kriterien zur Diagnosestellung einer Medienabhängigkeit. Als erstes Kriterium wird die „Einengung des Denkens und Verhaltens" genannt. So wird die Mediennutzung zur wichtigsten Aktivität der Betroffenen und dominiert das Denken (andauernde gedankliche Beschäftigung, auch verzerrte Wahrnehmung und Gedanken in Bezug auf die Mediennutzung), die Gefühle (unstillbares und unwiderstehliches Verlangen) und das Verhalten (Vernachlässigung sozial erwünschter Verhaltensweisen). Zudem kann das zeitliche Ausmaß der Mediennutzung nicht mehr kontrolliert werden, was als „Kontrollverlust" bezeichnet wird. Als ein weiteres Kriterium wird die „Toleranzentwicklung" aufgeführt. Demnach kann die gewünschte Wirkung nur durch zunehmend häufigere oder längere Nutzungszeiten (möglicherweise auch durch immer extremere Inhalte) erzielt werden, bei gleich bleibenden Nutzungszeiten bleibt die gewünschte affektregulierende Wirkung aus. Des Weiteren sind auch „Entzugserscheinungen" zu erkennen. So treten bei Verhinderung oder Reduzierung der Mediennutzung diese in Form von Nervosität, Unruhe und/oder vegetativer Symptomatik (Zittern, Schwitzen etc.) auf. Hinzu kommt das Kriterium „Dysfunktionale Regulation von Affekt oder Antrieb". Hierbei werden durch die bei der Mediennutzung verspürte Erregung (Kick- und Flow- Erlebnisse) oder Entspannung (Abtauchen) negative affektive Zustände im Sinne einer vermeidenden Stressbewältigung verdrängt. Darüber hinaus werden reale Verabredungen mit Freunden zugunsten der Kontakte im Internet vernachlässigt, was durch das Kriterium „Vermeidung realer Kontakte zugunsten virtueller Beziehungen" zum Ausdruck gebracht wird. Letztlich wird das Kriterium „Fortsetzung des Spielens trotz bestehender oder drohender negativer Konsequenzen" aufgeführt. Dieses verdeutlicht, dass die exzessive Mediennutzung trotz auftretender Probleme wie z.B. Streit mit der Familie oder Freunden oder Leistungsabfall in der Schule weiterhin fortgesetzt wird (vgl. Mücken, S. 11).

Je nach Ansatz finden sich die genannten Kriterien für die Diagnose einer Medienabhängigkeit auch in den Kategorisierungen anderer Forschungsarbeiten wieder. „Unterschiede sind vor allem darin zu erkennen, wie viele der Kriterien auf eine Person zutreffen müssen und wie lange dieser problematische Zustand bestehen muss, so dass nicht mehr von einem vorübergehenden Problem gesprochen werden kann (zwischen einem und sechs Monaten)" (Rommeley 2014, S. 9). Mithilfe dieser Kriterien wurden verschiedene Erhebungsinstrumente entwickelt wie z.B. die Compulsive Internet Use Scale (CIUS) von Meerkerk et al. (2009) (siehe Anhang).

Auch Heinz Strauf (2015, S. 8) beschäftigt sich mit Symptomen der Mediensucht bezogen auf die Situation der Schüler/innen. So erklärt er, dass Schüler/innen nicht mehr in der Lage sind, ihr Konsumverhalten zu kontrollieren. Hinzu kommen negative Gefühle, die ausgelöst werden, wenn der Schüler/ die Schülerin einmal auf die Nutzung verzichten muss. „Dieser Verzicht schlägt sich dann in Niedergeschlagenheit oder auch in Aggressivität nieder, der Jugendliche bekommt Angst, er wird reizbar" (ebd.). Des Weiteren gelingt es den betroffenen Schüler(n)/innen nicht mehr, Kontakt zu Freunden aufzunehmen, da sie ihre Zeit größtenteils in die Nutzung der Medien investieren.

„Bei der Mediensucht als allgemeinem Begriff handelt es sich (noch) nicht um eine Sucht im herkömmlichen, medizinisch allgemein anerkannten Sinne" (ebd. S. 9). Strauf ist der Auffassung, dass man bei der Mediensucht von einer eigenständigen Krankheit sprechen muss. Sie sei nämlich nicht die Auswirkung einer anderen Krankheit, die möglicherweise darunter „verborgen" liegt. So beschäftigt sich Strauf mit der Frage, warum man bei der Mediensucht von einem Gesundheitsproblem spricht, obwohl die Schüler/innen von keinem gesundheitsgefährdenden „Stoff" wie z.B. Alkohol, Cannabis oder Nikotin abhängig sind, sondern „nur" sehr viel Zeit mit einem Medium (z.B. Computer) verbringen. Dazu zählt Strauf einige Symptome auf, die bei betroffenen Schüler(n)/innen festgestellt wurden, welche zur Therapie in einer Klinik untergebracht waren. So klagten die Betroffenen über Einsamkeitsgefühle, depressive Symptome, Angstzustände, diffuse Schmerzen (z.B. Kopfschmerzen, Gliederschmerzen) und Konzentrationsprobleme. Zudem stellten die Therapeuten fest, dass sich die betroffenen Schüler/innen in einem schlechteren psychischen Zustand befanden als ihre Gleichaltrigen. Des Weiteren nennt Strauf einige Anzeichen der Mediensucht, die auf eine Gefährdung der Schüler/innen hinweisen. So erklärt er, dass wenn Schüler/innen gelegentlich lange vor dem Computer sitzen, noch keine Gefahr besteht. Verbringen sie allerdings regelmäßig länger als vier Stunden pro Tag vor diesem Medium, kann das ein Warnsignal sein. Ferner kann auch das Nachlassen der schulischen Leistungen ein Anzeichen sein. „Denn der Leistungsabfall könnte mit der exzessiven Nutzung des Computers oder des Smartphones oder dem ständigen Chatten zusammenhängen, weil einfach keine Zeit mehr für die Erledigung der schulischen Pflichten bleibt" (Strauf 2015, S. 9). Auch die Vernachlässigung der häuslichen Pflichten der Schüler/innen kann als ein weiteres Anzeichen aufgefasst werden. Hinzu kommt, dass der Kontakt zu den Freunden nachlässt oder schließlich vollständig abbricht. Deutlich wird die vorliegende Sucht auch dann, wenn Schüler/innen ihren bisherigen Hobbys nicht mehr nachgehen, weil ihnen die Zeit hierfür fehlt. Schließlich haben die Betroffenen keine Kontrolle mehr über den Konsum der digitalen Medien, sodass sie von diesen vollständig „gefangen" genommen werden (vgl. ebd.).

## 4.4 Empirische Befunde

Die Studie von Hahn und Jerusalem (2001), an der mehr als 7.000 Personen teilnahmen, verdeutlicht, dass knapp 35 Stunden in der Woche diejenigen Nutzer online sind, die zu den 3,2 Prozent der als abhängig klassifizierten Personen gehören. Zudem zählen 6,6 Prozent der Befragten zur Risikogruppe, die durchschnittlich knapp 29 Stunden wöchentlich im Netz verbringen, während unauffällige Personen lediglich knapp 8 Stunden pro Woche das Internet nutzen. Betrachtet man die Gruppe der Jugendlichen unter 15 Jahren, ist festzustellen, dass hier sogar jeder Zehnte eine Medienabhängigkeit aufweist. Neuere Studien belegen, dass die Nutzung des Internets insbesondere zur Befriedigung kommunikativer Bedürfnisse wie z.B. durch die Plattform „Facebook" stark angestiegen ist, was vermutlich ein erhöhtes Abhängigkeitspotenzial hervorgerufen hat (vgl. Rommeley 2014, S. 9f.). So gehen Forscher davon aus, dass sich die Verbreitung von Medienabhängigkeit unter allen Deutschen derzeit zwischen 2 und 6 Prozent bewegt, wobei der Fokus auf die Computerspielabhängigkeit gelegt wird. „Die aktuellste und zudem repräsentative Studie zur Prävalenz von Internetabhängigkeit (PINTA) in Deutschland wurde 2011 im Auftrag des Bundesministeriums für Gesundheit erstellt. Darin wurden mehr als 15.000 Deutsche im Alter von 14 bis 64 Jahren telefonisch mittels der CIUS nach Meerkerk et al. Befragt" (ebd.). Demzufolge steigt der Wert bei den Schüler(n)/innen zwischen 14 und 16 Jahren auf 4 Prozent. Zudem beschäftigte sich die Bitkom-Studie Jugend 2.0 mit dem Selbstbild von 723 Kindern und Jugendlichen im Alter von 10 bis 18 Jahren. Die Ergebnisse zeigen, dass fünf von hundert Jugendlichen sich selbst als internetabhängig einschätzen. Dabei sehen sich Jungen eher als abhängig (8 Prozent) als Mädchen (3 Prozent). Allerdings kann man auf die Frage der Studie nur mit „Ja" oder „Nein" antworten, sodass der Mehrwert dieser Ergebnisse kritisch zu hinterfragen ist (vgl. ebd.).

## 4.5 Kritik

Dadurch, dass eine einheitliche Diagnose bzw. Definition von „Mediensucht" fehlt, haben die Erhebungsinstrumente keine gemeinsame Grundlage. Aus diesem Grund sind die Befunde kritisch zu hinterfragen. Zudem wurden die vorliegenden

Daten über einen Zeitraum von mehr als zehn Jahren erhoben, sodass hier keine Vergleichbarkeit gegeben ist. Hinzu kommt, dass viele Daten nicht auf systematischen Stichproben basieren, was zu verzerrten Ergebnissen aufgrund von Selbstselektion besonders gefährdeter Personen geführt haben kann. Zu betonen ist auch, dass die wissenschaftliche Erforschung des Phänomens Medienabhängigkeit kaum mit der Dynamik, mit der sich digitale Medien weiterentwickeln und verbreiten, mithalten kann. Während einerseits die fehlende Vergleichbarkeit der vorliegenden Daten aufgrund der verschiedenen Definitionen und der daraus hervorgehenden Erhebungsinstrumente bemängelt wird, kritisiert der Psychologe Jörg Petry andererseits das zugrundeliegende Vorgehen der Übertragung des Störungsbildes für stoffgebundene Suchterkrankungen auf die Medienabhängigkeit. Demnach würden definierte Begriffe wie „Droge, Toleranzentwicklung und Entzugserscheinungen" aus dem Zusammenhang gerissen und „ihrer ursprünglichen organpathologischen Bedeutung beraubt" (vgl. Rommeley 2014, S. 11f.). Petry erklärt, dass Drogen direkt auf das Zentralnervensystem wirken, die Toleranzentwicklung sich auf die Auswirkungen auf die Organe bezieht (wie z.B. auf die Leber bei einer Alkoholsucht) und dass Entzugserscheinungen die „Veränderung des neurobiologischen Systems bei chronischer Zuführung einer psychotropen Substanz" sind. Aufgrund dessen ergibt sich für den Psychologen keine plausible Erklärungsbasis für eine Übertragung dieser Konzepte auf stoffungebundene Süchte. Die eingesetzten Erhebungsinstrumente würden sich nämlich an der stoffgebundenen organischen Suchterkrankung orientieren und keinerlei Raum für alternative Erklärungsversuche zulassen. „Als Kritik an der vorherrschenden Abgrenzung einer pathologischen Abhängigkeits-erkrankung von exzessiver Mediennutzung, bringt Petry folgende Argumente: Das 'Immersionserleben', das heißt die absolute Fokussierung der Aufmerksamkeit auf das Erleben der virtuellen Inhalte, sei bei exzessiven Mediennutzern nicht mit dem eines Alkoholikers vergleichbar, da es nicht zu Wahrnehmungsstörungen auf kognitiver und affektiver Ebene komme" (vgl. ebd.).

## 5 Einfluss der Medien auf die Schulleistungen

„Die Einführung neuer Medien als didaktisches Mittel in der Pädagogik war jeweils von dem Impuls getragen, dass damit die Bildungsmöglichkeiten verbessert würden" (Mößle et al. 2012, S. 68). So standen engagierte Pädagogen mit den besten Absichten hinter dieser Entwicklung, als der Schulfunk, das Schulfernsehen, die Sprachlabore und schließlich auch der Schulcomputer eingeführt wurden. Die Einführung der verschiedenen Medien in den Schulalltag würde für Kinder, die durch bildungsferne Elternhäuser oder schlechte Lehrkräfte benachteiligt seien, Bildungschancen eröffnen. Somit lässt sich anfangs eine Phase der Euphorie mit übersteigerten Erwartungen an das bildungsfördernde Potenzial des jeweiligen Mediums beschreiben. Es folgte jedoch eine Phase der Stagnation und anschließend eine Phase der „Ernüchterung". „Ausgelöst wird diese Ernüchterung durch wissenschaftliche Studien, die dem schulischen Medieneinsatz in der langfristigen Evaluation unter Einbeziehung von Vergleichsgruppen bescheinigen, dass der hohe finanzielle Aufwand in keinem günstigen Verhältnis zum allenfalls bescheidenen Erfolg steht" (ebd.). So wird festgestellt, dass durch „low-tech"-Strategien wie z.B. kleinere Klassenteiler oder Theaterprojekte bei gleichem Aufwand eine günstigere Wirkung auf die Schulleistungen zu erzielen ist. Betrachtet man die außerschulische Bildschirmmediennutzung sieht die Bilanz noch schlechter aus. Je mehr Zeit Schüler/innen mit den Bildschirmmedien verbringen, desto schlechter sind im Durchschnitt die Schulnoten (vgl. ebd.). Dadurch dass die Schüler/innen die vielen Stunden mit Fernsehen und Computerspielen verbringen, fehlt ihnen die Zeit für eine gründliche Erledigung ihrer Schulaufgaben.

Zu erwähnen ist hier auch die hohe Belastung, der sich besonders Kinder aus bildungsfernen Familien durch die sehr häufige Nutzung entwicklungsbeeinträchtigender Medieninhalte aussetzen. So kann man anhand verschiedener nationaler und internationaler Studien erkennen, dass mit wachsender Dauer des Medienkonsums die Schulleistungen sinken, weil z. B. die Zeit für Hausaufgaben und Lernen knapp wird. In einer Langzeitstudie mit ca. 1000 Versuchspersonen kommen Forscher zu dem Ergebnis, dass sich z.B. ein erhöhter Fernsehkonsum im Alter von 5 bis 15 Jahren negativ auf die Realisierung eines Schul- oder Universitätsabschlusses auswirkt (vgl. Mößle 2009, S. 22). Dementsprechend gilt der Fernsehkonsum bereits im Kleinkindalter als Prädikator von Verzögerungen in der kognitiven Entwicklung und den (schrift-)sprachlichen Kompetenzen in der Schule.

Allerdings ist der Zusammenhang zwischen Mediennutzungsgewohnheiten und Schulleistungen nicht monokausal, sondern mit vielen weiteren relevanten Einflussvariablen verknüpft (vgl. Abb. 4). So haben die PISA-Studien gezeigt, dass der Bildungshintergrund im Elternhaus eine vorrangige Bedeutung für den Bildungserfolg von Schülerinnen und Schülern hat. Zudem haben auch ein hohes Selbstkonzept eigener Schulfähigkeiten sowie eine positive Einstellung zur Schule auf Seiten der Schüler/innen einen großen Einfluss auf die durchschnittlichen Schulnoten, wobei die positive Einstellung zur Schule auch mit einem geringeren Konsum gewalthaltiger Medieninhalte sowie mit geringeren Mediennutzungszeiten zusammenhängt (vgl. Mößle et al. 2012, S. 70). „Auf Seiten des sozialen und kulturellen Kapitals verliert bei gleichzeitiger Betrachtung aller im Modell enthaltenen Variablen sowohl der Wohlstand in der Familie, der stark mit dem Bildungsniveau verbunden ist, als auch der Migrationshintergrund der Kinder an eigenständiger Erklärungskraft" (ebd.). Diesem Modell zufolge gilt allerdings nicht nur der Migrationshintergrund als Ursache für die schlechteren Noten der Migrantenkinder. Demnach ist – bei der Berücksichtigung der wichtigsten Variablen auf Seiten der Schüler/innen sowie der Variablen des sozialen und kulturellen Kapitals – ein Einfluss des Spielens gewalthaltiger Computerspiele bzw. des Betrachtens gewalthaltiger Filme auf die Schulleistungen zu erkennen. Dabei bedingen hohe Mediennutzungszeiten eine deutlich häufigere Nutzung von Gewaltmedien und entfalten somit über eine negativere Schuleinstellung ihre Wirkung. Hierbei handelt es sich vornehmlich um Jungen, die ein gewaltbetontes Nutzungsprofil mit hohen Nutzungszeiten aufweisen. Dennoch hat das Geschlecht der Schüler/innen keine eigenständige Erklärungskraft für bestehende Schulleistungsunterschiede, da das elterliche Erziehungs- und Unterstützungsverhalten eine wesentliche Rolle einnimmt (vgl. ebd.).

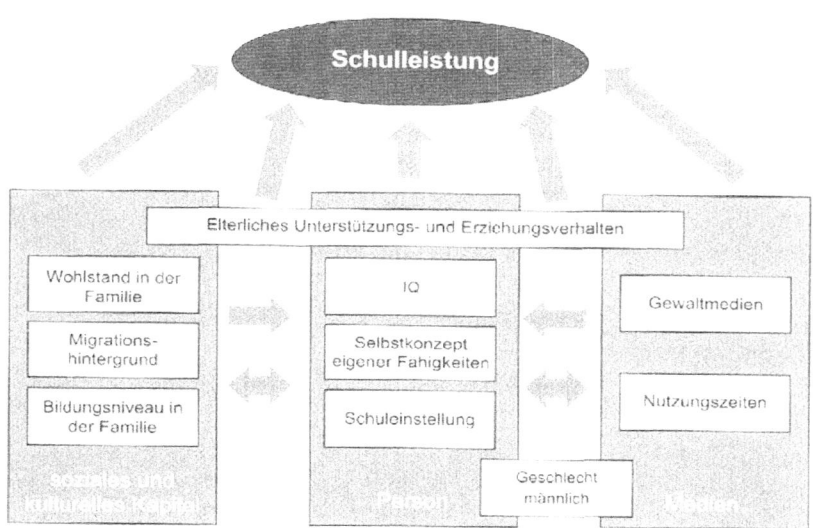

Abb. 4: Bedingungsfaktoren schulischer Leistungen
Quelle: Mößle et al. (2012), S. 70

## 5.1 Die KFN-Studie

Auch „das Kriminologische Forschungsinstitut Niedersachsen" (KFN) kommt anhand einer Schülerbefragung zu dem Befund, dass der Zusammenhang zwischen Mediennutzungsgewohnheiten wie z.B. Computerspiele und

Schulleistungen mit vielen weiteren relevanten Einflussvariablen verknüpft ist. Die Studie bestätigt, dass der Bildungshintergrund im Elternhaus einen wesentlichen Einfluss die Schulleistungen hat und gleichzeitig auch die Mediennutzung der Schüler/innen maßgeblich beeinflusst. „Entsprechendes gilt im Hinblick auf das Familienklima und die Frage, ob die Kinder gewaltfrei erzogen werden" (Mößle 2009, S. 23). So konzentrierten sich die Forscher auf einheimische deutsche Jungen, „die aus Familien mit mittlerer und höherer Bildung stammen, die sich von beiden Eltern geliebt fühlen und in den letzten vier Wochen keinerlei Gewalterfahrungen durch ihre Eltern hatten" (ebd.). Es wird deutlich, dass auch hier der oben beschriebene negative Zusammenhang zwischen der Nutzung entwicklungsbeeinträchtigender Computerspiele und schulischer Leistung vorhanden ist, obwohl es sich hier um Schüler/innen handelt, die nach den Gegebenheiten im Elternhaus alle Voraussetzungen für eine erfolgreiche Schullaufbahn hätten. In der KFN-Studie werden die Abweichungen der Schulnoten einheimischer

Jungen zum Notendurchschnitt der Klasse in den Fächern Deutsch, Sachkunde und Mathematik nach der Häufigkeit des Spielens verbotener Spiele, die von der Unterhaltungssoftware Selbstkontrolle (USK) keine Jugendfreigabe erhalten haben (USK-18), ermittelt (vgl. Abb. 5). Die Ergebnisse zeigen, dass die größten Leistungsdivergenzen zwischen Vielspielern und Nichtspielern auftreten, während die Vielspieler die größten negativen Leistungsabweichungen in allen geprüften Fächern aufweisen. Umgekehrt befinden sich hier die Leistungen der Nichtspieler und derjenigen, die nur ein paar mal gespielt haben, über dem Notendurchschnitt der Klasse. So erreichen diejenigen, die häufig USK-18-Spiele nutzen, im Vergleich zu denen, die das nie tun, eine im Durchschnitt um 0,5 bis 0,7 Punkte schlechtere Note (vgl. ebd.).

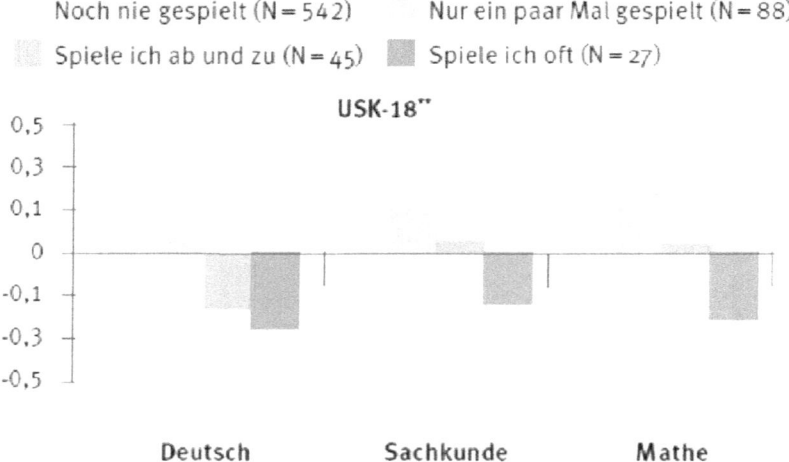

Abb. 5: Abweichungen der Schulnoten zum Notendurchschnitt der Klasse in Deutsch, Sachkunde und Mathematik nach Häufigkeit des Spielens verbotener Spiele für einheimische deutsche Jungen aus Familien mit mittlerer und höherer Bildung, gutem Familienklima und gewaltfreier Erziehung in den letzten vier Wochen (Abweichung nach unten bedeutet schlechtere Leistung) Quelle: Mößle (2009), S. 24

### 5.2 Das Fallbeispiel „Ted"

„Ted spielt täglich (durchschnittlich) genau 5 Stunden und 59 Minuten Computerspiele. Er verbringt mit Bildschirmmedien insgesamt – also Fernsehen, Video, DVD, Computer zusammengenommen – täglich 13 Stunden und 18 Minuten seiner Freizeit" (Mößle et al. 2012, S. 71). Ted bekam mit zehn Jahren seinen ersten

Computer, der ins Kinderzimmer gestellt wurde. Damals erklärte Ted seinen Eltern, er bräuchte den Computer für die Schule. Nun wundern sich die Eltern, warum Teds Leistungen in der Schule immer schlechter werden. Eine Verbesserung wäre allerdings nur dann möglich, wenn Ted am Bildschirm Bildungsinhalte vermittelt bekäme und diese Kompetenzen ins Leben außerhalb des Bildschirms übertragen könnte. Zudem dürfte sein Medienkonsum andere nichtmediale Formen des Wissenserwerbs und der Wissenskonsolidierung nicht beeinträchtigen. Durch die exzessive Nutzung des Computers schläft Ted weniger als seine „normalen" Altersgenossen und verbringt auch weniger Zeit mit seinen Hausaufgaben. Außerdem trifft er sich seltener mit seinen Freunden und macht auch weniger Sport. Neurobiologischer Forschung zufolge steht Bewegung jedoch mit Intelligenzentwicklung in direktem Zusammenhang (vgl. ebd. S. 72). So hat regelmäßige sportliche Betätigung eine anregende Wirkung auf die kognitive Leistungsfähigkeit, da der Sport eine wichtige Rolle für die Hirndurchblutung und die Vernetzung der Hirnzellen untereinander spielt. Aus diesem Grund reduziert die mit einem hohen Medienkonsum einhergehende Bewegungsarmut die Chancen auf gute Schulleistungen. So betont auch der Neurowissenschaftler Manfred Spitzer (2006, S. 281), dass ein negativer Zusammenhang zwischen Medienkonsum und Schulleistung besteht. Er bringt seine Kritik folgendermaßen zum Ausdruck: „Bildschirm-Medien machen dick und krank, wirken sich in der Schule ungünstig auf die Aufmerksamkeit und das Lesen-Lernen der Kinder aus" (ebd.). Ein vielseitiges Freizeitverhalten vermittelt demgegenüber wichtige Lernerfahrungen, den Erwerb sozialer Kompetenzen und körperliche sowie psychische Gesundheit und kann deshalb als wichtige Quelle schulischer und beruflicher Erfolge gelten (vgl. Mößle 2009, S. 23).

## 5.3 Computersuchthilfe für süchtige Schüler/innen

„Das Deutsche Zentrum für Suchtfragen des Kindes- und Jugendalters (DZSKJ) führt umfassende Forschungsvorhaben der indizierten Suchtprävention und der Qualitätssicherung in der Suchtberatung für Kinder und Jugendliche in Hamburg durch" (UKE). Das DZSKJ hat eine Broschüre entworfen, um Schüler/innen zu erreichen, die viel Zeit im Internet bzw. mit dem Smartphone verbringen oder viel am Computer oder an Spielkonsolen spielen. Die Broschüre verdeutlicht, dass der Konsum von digitalen Medien wie z.B. Computer oder Smartphone maßgeblich zugenommen hat. So verbringen viele Schüler/innen sehr viel Zeit mit ihrem Smartphone und sind dadurch permanent in Internetaktivitäten oder -inhalte eingebunden oder werden dadurch von anderen Tätigkeiten abgelenkt. Aus diesem

Grund werden inzwischen an vielen Schulen die Smartphones vor Beginn des Unterrichts eingesammelt und sind erst danach wieder für die Schüler/innen frei zugänglich. Andernfalls würde es den Schüler(n)/innen schwer fallen, sich ausreichend auf den Unterricht und den Lehrstoff zu konzentrieren (vgl. Broschüre der Computersuchthilfe für Jugendliche, S. 6). In der Broschüre werden unter anderem die Gefahren betont, die sich unter der Faszination von Medien verbergen. So spielen viele Schüler/innen lange Computerspiele, nutzen intensiv soziale Netzwerke oder Messenger-Systeme, sehen sich regelmäßig Videos an oder besuchen Seiten mit sexuellen Inhalten. Dabei kann es leicht passieren, dass man z.B. seine Freunde verliert, da der Kontakt zu ihnen vernachlässigt wird. Zudem wird versucht, den Schüler(n)/innen zu vermitteln, wie bedeutsam die Zeit eines Menschen ist. Darüber hinaus werden hier Signale dargestellt, die auf eine Sucht hinweisen. Dementsprechend werden einige Fragen aufgeführt, die sich Schüler/innen stellen sollten, wenn sie zu viel Zeit mit den Medien verbringen:

> „Wie viel Zeit verbringe ich täglich im Internet? Empfinde ich überhaupt noch Interesse für etwas anderes als meine Internetaktivitäten? Sitze ich oft viel länger am PC oder nutze mein Smartphone, als ich mir ursprünglich vorgenommen hatte? Wie häufig gibt es Streit mit meinen Eltern wegen meiner Internetnutzung? Habe ich noch Sozialkontakte in der realen oder nur noch in der virtuellen Welt?" (ebd., S. 12).

Schließlich werden hier auch Methoden dargelegt, die man durchführen kann, um wieder mehr Kontrolle über den eigenen Internet-, Smartphone-, oder Computergebrauch zu bekommen. Darüber hinaus werden verschiedene Therapieformen vorgestellt, um Betroffene zu ermutigen.

### 5.4 Computersuchthilfe für Lehrer

Das DZSKJ hat in diesem Zusammenhang auch eine Broschüre für Lehrer erstellt, damit sie das Verhalten eines potenziell Betroffenen auf der Basis seriöser Information für sich selbst besser einschätzen können und ihn bei Bedarf unterstützen können sich selbst zu helfen. Auch wenn ein Lehrer z.B. gar nicht die Möglichkeit hat, den Internetgebrauch eines Schülers (außerhalb des Schulunterrichts) einzuschränken, kann er eine geeignete Unterstützung anbieten (vgl. Broschüre der Computersuchthilfe für Lehrer, S. 5). Hierzu sollte er unter anderem das Gespräch mit den Angehörigen der betroffenen Schüler/innen suchen. Zudem sollte auch ein Lehrer in der Lage sein, die Anzeichen für einen übermäßigen Mediengebrauch zu erkennen (vgl. ebd., S. 26). Des Weiteren werden hier Methoden vorgestellt, die zu einem verantwortungsvollen Umgang führen sollen. Wichtig ist, dass der Lehrer seine Wahrnehmungen und Beobachtungen ernst nimmt und diese ausspricht. Zudem sollte der Lehrer dem Betroffenen die Möglichkeit geben, sein Verhalten aus seiner Sicht zu erklären, um verstehen zu können, welche Funktion die massive Mediennutzung für den Betroffenen hat und weshalb sie für ihn wichtig ist. Ferner wird darauf hingewiesen, einfühlsam vorzugehen, so dass der Betroffene selbst anfängt, über Vor- und Nachteile seines übermäßigen Internet- bzw. Computergebrauchs nachzudenken. Im Hinblick darauf wird auch verdeutlicht, was der Lehrer vermeiden sollte, z.B. Drohungen auszusprechen oder angekündigte Konsequenzen nicht einzuhalten (vgl. ebd., S. 28). Gleichzeitig werden in dieser Broschüre auch die Eltern angesprochen, da die exzessive Mediennutzung ihrer Kinder große Herausforderungen mit sich bringt, sodass sie sich oft vollkommen hilflos fühlen. So ist Medienerziehung in der Familie von großer Bedeutung und soll im folgenden Kapitel thematisiert werden.

## 6 Medienerziehung in der Familie

Bevor in diesem Kapitel das medienerzieherische Handeln in Familien dargestellt wird, sollen zunächst die Veränderungen der Jugend und der Wandel der Familie erfasst werden.

### 6.1 Strukturwandel der Jugend

Die Jugend kann heute als eigene Lebensphase zwischen Kindheit und Erwachsensein, mit eigenen Ordnungen und Aufgaben, betrachtet werden. Sie ist ein Produkt und Projekt der europäischen Moderne seit dem Beginn des Industrialisierungsprozesses im 19. Jahrhundert. So hat sich ein Modell von Jugend zwischen Kindheit und dem ökonomisch und sozial selbständigen Erwachsenenleben herausgebildet und ist allmählich verallgemeinert worden (vgl. Münchmeier 1998, S. 104). „Ziel von Jugend ist vor allem die Herausbildung einer stabilen Persönlichkeit und einer integrierten Identität, um in einer sich individualisierenden, äußere soziale Kontrollen und festlegende Milieus abbauenden Gesellschaft bestehen zu können" (ebd.).

Auch wenn die Jugend nach wie vor als eigenständige Lebensphase angesehen wird, entspricht sie nicht mehr den epochaltypischen Vorstellungen. Während der Beginn des Jugendalters mit 12-14 Jahren noch einigermaßen klar umrissen werden kann, wird der Austritt aus der Jugendphase heute weniger an ein bestimmtes Lebensalter geknüpft. Die aktuelle Verfasstheit der Jugendphase wird eher als ein offener Lebensbereich betrachtet, der eine Fülle sozialer Differenzierungen enthält. „Die gesellschaftlichen Veränderungen, die zu dieser Sichtweise geführt haben, werden in der These des 'Strukturwandels der Jugend' zusammengefasst" (Jütting 2003, S. 39). Der Strukturwandel der Jugend kann als Prozess der Diversifizierung und Individualisierung von Lebenslagen umschrieben werden. So spricht der amerikanische Autor Neil Postman sogar von einer Auflösung der Kindheit, was natürlich auch ein Verschwinden der Jugend impliziert. Er geht davon aus, dass die Medien selbst diesen strukturellen Wandel entscheidend mitbewirkt haben (vgl. Bonfadelli et al. 1986, S. 21f.).

Die gesellschaftlichen Individualisierungstendenzen führen zu einer Entstrukturierung und Destandardisierung der Lebensphase Jugend, „die sich vor allem darin ausdrückt, dass die einheitliche kollektive Statuspassage Jugend zerfällt und auf diese Weise in eine Vielzahl subsystemspezifischer Übergangsphasen mit je eigenen Erscheinungsformen und Zeitstrukturen zerlegt wird" (Krüger; Grunert 2010, S. 20). Demnach wird dieser Prozess des Strukturwandels der Jugendphase insbesondere als ein Wandel der Formen der sozialen Kontrolle des Jugendalters beschrieben. Zudem erklären Krüger und Grunert, dass die Jugendphase als eine eigenständige Teilkultur zu verstehen ist, die sich unabhängig von der Erwachsenenphase neben diese schiebt und ihr gleichwertig ist. So hat der Zielpunkt, das Erwachsenenalter, für Jugendliche an Attraktivität verloren, da sie schon früh durch Medien, Mode, Freizeit und Sexualität in den Bereich der Erwachsenenwelt eintreten. Damit gilt die Altersphase Jugend nicht mehr als ein endogen bestimmter Entwicklungsabschnitt, sondern ist wesentlich bestimmt durch die Gruppenzugehörigkeit zu anderen Jugendlichen (vgl. ebd., S. 576). Durch die Peergroup erfolgt eine Ablösung vom Elternhaus, während die Hinwendung der Jugendlichen zur Gruppe der Gleichaltrigen zunimmt. So werden auch erste intime Beziehungen eingegangen und es entwickeln sich erste Vorstellungen davon, wie zukünftige Partnerschaften gestaltet werden können (vgl. Raschke 2010, S. 48). In diesem Zusammenhang beschreiben Bonfadelli et al. (1986, S. 21) die Jugend als Periode des Aufruhrs der Gefühle, in der die Sexualität und Liebe wichtige Elemente sind. Diesbezüglich wird den auditiven Medien eine wesentliche Bedeutung als Vermittler von Musik zugeschrieben. „Die immer und jederzeit selektiv zugreifbare Musik gewinnt eine herausragende Funktion bezüglich der Stimmungskontrolle und der Konfliktregulierung" (ebd.). Dazu führen die Autoren ein Zitat einer Schülerin aus ihrer Studie auf: „Also ohne Musik geht bei mir eigentlich gar nichts mehr; ich bin musiksüchtig. Musik ist einfach absolut das Beste, was es gibt. Ich kann mir nicht helfen, ich weiß nicht warum" (ebd.). So wird hier nochmal die Bedeutung der Medien im Leben der Jugendlichen hervorgehoben, die bis heute enorm zugenommen hat.

## 6.2 Familie im Wandel

Aktuelle Ansätze der Familienforschung weisen darauf hin, dass sich nicht nur das Bild von den Jugendlichen verändert hat, sondern auch das Konzept „Familie" durch gesellschaftliche Veränderungen einem Wandel unterworfen ist. „Vergleicht man die heutige westeuropäische 'Durchschnittsfamilie' mit der vor dreißig Jahren, so bedarf es keiner näheren Erläuterungen für die Feststellung, dass sich die Art und Weise des Zusammenlebens – bedingt unter anderem durch ein neues Selbstverständnis von Familie sowie durch die Auswirkungen von Globalisierung und demographischem Wandel – geändert hat" (Daum 2012, S. 137). Zwar wächst die große Mehrheit der Kinder und Jugendlichen nach wie vor in Familien auf, doch ist die „traditionell" strukturierte Familie mit Mutter, Vater und mindestens einem Kind nicht mehr die allein vorherrschende Form der privaten Lebensführung. So lässt sich seit Mitte der 60er Jahre in Deutschland eine zunehmende Pluralisierung der Lebensformen im Sinne einer Zunahme des Anteils von Alleinlebenden, nichtehelichen Lebensgemeinschaften, „Ein-Eltern-Familien" und anderen nichtkonventionellen Lebensformen beobachten. Daher sprechen einige Sozialwissenschaftler von einem Bedeutungsverlust und einer Destabilisierung von Ehe und Familie oder von der Familie als eine untergehende Lebensform. Dagegen betonen andere die grundlegende Unversehrtheit und Akzeptanz des modernen, bürgerlich eingefärbten Familientypus und erklären, dass es sich um einen ganz normalen Strukturwandel handelt. Dennoch erscheint die heutige Situation – sinkende Geburten- und Heiratszahlen, steigende Scheidungszahlen, Bedeutungsrückgang der modernen Kleinfamilie – vielen Menschen sehr krisenhaft, weil die Veränderungen vor dem Hintergrund einer historisch einmaligen Situation gedeutet werden( vgl. Peuckert 2012, S. 11). „Nie zuvor war eine Form von Familie in Deutschland so dominant wie Mitte der 50er bis Mitte der 60er Jahre des 20. Jahrhunderts, im 'Golden Age of Marriage'" (ebd.). Hier herrschte die moderne bürgerliche Familie, unter der die lebenslange, monogame Ehe zwischen einem Mann und einer Frau verstanden wurde, die mit ihren gemeinsamen Kindern in einem Haushalt lebten und in der der Mann Haupternährer und Autoritätsperson und die Frau primär für den Haushalt und die Erziehung der Kinder zuständig war. Dies war eine kulturelle Selbstverständlichkeit und wurde von der überwältigenden Mehrheit der Bevölkerung auch unhinterfragt gelebt (vgl. ebd., S. 11). So können die späten 50er und frühen 60er Jahre als Höhepunkt der modernen Familie in der Bundesrepublik und in der damaligen DDR angesehen werden. Dies war eine Zeit, in der die meisten Menschen in der Ehe eine dauerhafte und verpflichtende Bindung sahen und sich wünschten, dass die Ehescheidung möglichst erschwert werden sollte oder dass Ehen generell unlösbar sein sollten. Entsprechend stand auch die „Institution Elternschaft" in hohem Kurs. So wollten mit wenigen Ausnahmen alle Jugendlichen einmal Kinder haben (vgl. ebd., S. 16). Diese Situation hat sich allerdings seit Mitte der 60er Jahre grundlegend gewandelt, sodass es zu einer „Destabilisierung der Normalfamilie" gekommen ist.

Die Krise der Normalfamilie ist zum einen an den „demografischen Wandlungsprozessen" ablesbar, vor allem an der Entwicklung der Geburtenraten, der Heiratshäufigkeit und der Zahl der Ehescheidungen. Dabei betont Peuckert (2012, S. 17), dass unter allen demografischen Veränderungen der Geburtenrückgang die größte Aufmerksamkeit erregt. Auch die Heiratszahlen sanken von 169.000

(1961) auf 62.000 jährlich (2010), während sich die jährliche Zahl der Ehescheidungen zwischen 1960 und 2009 von 49.000 auf 161.000 mehr als verdreifacht hat.

Zum anderen kann man die dargestellte Krise der Normalfamilie auch an der „zeitlichen Veränderung der Lebensformen" erkennen (vgl. ebd., S. 17f.). So hat sich aufgrund von stark gesunkenen Eheschließungsziffern und gleichzeitig erheblich gestiegenen Scheidungsziffern, wachsender Zahl von allein erziehenden Eltern und zunehmender Tendenz von gleichzeitiger Berufstätigkeit der Väter und Mütter, eine Vielfalt von Familienformen durchgesetzt: „Eheliche und nicht eheliche Lebensgemeinschaften, getrennt lebende Eltern, allein erziehende Eltern, wiederverheiratete Eltern mit Kindern und Stiefkindern usw." (Jütting 2003, S. 40). Diese Verhaltensweisen haben Auswirkungen auf das innerfamiliäre Beziehungsklima und im besonderen Maße auf Kinder, worauf im folgenden eingegangen werden soll.

### 6.3 Veränderungen als Bewältigungsprozess für Eltern und ihre Kinder

Als eine wesentliche psychische und soziale Belastung für Schüler/innen wird die Trennung der Eltern angesehen. So entstehen z.B. Verlustgefühle, finanzielle Erschwernisse, stärkere soziale Trennung von der Bezugsperson durch gezwungene oder gewünschte Berufstätigkeit, Wechsel der Wohnung und der sozialen Umgebung und eine stärkere Trennung des Kindes von dem abwesenden Elternteil (vgl. Hainz 1991, S. 61). Als einen weiteren belastenden Faktor für Schüler/innen nennt Hainz die zunehmende materielle Deprivation vieler Familien. Demnach rufen ungünstige materielle Bedingungen, die heute zunehmend auch in den Industriestaaten zu beobachten sind und oft mit dem Schlagwort „Neue Armut" umschrieben werden, Gefährdungen für

Schüler/innen hervor. So werden die Familien durch die zunehmende Arbeitslosigkeit, den Bezug von Sozialhilfe etc. in materielle Not gedrängt, was oftmals zu zerrütteten oder angespannten Familienverhältnissen führt. So entstehen materielle Benachteiligungen der Schüler/innen oder sonstige stresshafte Erscheinungsformen. Zudem wird betont, „dass für eine gesunde Persönlichkeitsentwicklung bei Kindern und Jugendlichen stabile und verlässliche Beziehungen notwendig sind, um ein gedeihliches Aufwachsen und eine gelungene Sozialisation und Integration in die Gesellschaft zu gewährleisten" (ebd.). Diese sozialen Beziehungen sind jedoch durch die Änderungen der familiären Lebenslagen innerhalb vieler Familien erschwert oder gestört (vgl. ebd.).

Auch die EXIF-Studie (Exzessive Internetnutzung in Familien) thematisiert familiäre Veränderungen und die daraus resultierenden „Familienentwicklungsaufgaben". Auch hier wird hervorgehoben, dass die Familie sich durch die lebenslangen äußeren und innerfamilialen Veränderungen als ein dynamisches System ständig weiterentwickelt. So werden in der Psychologie für die Entwicklung der Familie phasenspezifische Aufgaben benannt, die mit dem Beginn der eigenen Ablösung von der Familie bis hin zum letzten Lebensabschnitt eintreten. „Definiert werden Familienentwicklungsaufgaben als 'jene erwartbaren Wachstumsverantwortlichkeiten, die Familienmitglieder in einer gegebenen Entwicklungsstufe meistern müssen, um ihre biologischen Bedürfnisse zu befriedigen, den kulturellen Erfordernissen gerecht zu werden und die Ansprüche und Werte ihrer Mitglieder zu erfüllen'" (Kammerl et al. 2012, S. 19). Demzufolge ist eine den Entwicklungsaufgaben angemessene Verhaltensänderung aller Familienmitglieder notwendig, sodass ein Gleichgewicht trotz der Veränderungen der Familie wieder hergestellt wird. So finden Verhaltensveränderungen zum Beispiel bei der Zuweisung und Übernahme von Rollen statt, die aufgrund der systemisch bedingten Wechselwirkungen von allen Familienmitgliedern getragen werden müssen und sich bestenfalls ergänzen. Darüber hinaus ist die Bewältigung der Familienentwicklungsaufgaben auch von der Art der Kommunikation in der Familie, der Emotionalität, dem Verhältnis von Sicherheit und Autonomie (affektive Beziehungsaufnahme), der Kontrolle sowie von allgemeinen Normen und Wertvorstellungen abhängig. Zu beachten sind hier insbesondere die Differenzen zwischen dem Autonomiebedürfnis der Jugendlichen und der Bereitschaft der Eltern. So haben phasenspezifische Veränderungen und Anforderungen auch Konsequenzen für das elterliche Erziehungskonzept und -handeln. Eltern müssen die Bereiche im Leben des Jugendlichen, die er nun autonom gestalten kann, von denjenigen unterscheiden, die weiterhin bestimmten Regulierungen unterliegen. Folglich wird in der EXIF-Studie der Begriff „Freiheit in Grenzen" aufgeführt.

Somit wird darauf verwiesen, dass es in der Veränderung der Eltern-KindBeziehung also nicht nur darum geht, Autonomie zu gewähren und Verbundenheit aufrechtzuerhalten, sondern auch darum, Grenzen zu setzen. Daher ist es unerlässlich, dass das Verhältnis zwischen Freiheit und Grenzen im erzieherischen Handeln ausgelotet wird, und zwar sowohl dem Alter angemessen als auch den Anforderungen unterschiedlicher Bereiche, wie z. B. Schule, Freizeit, Freunde usw. (vgl. ebd., S. 19f.).

## 6.4 Medienerzieherisches Handeln in Familien

> „Ja, den Kindern..`nen passenden Umgang mit den Medien...vorzuleben und...hoffen, dass es irgendwie da ankommt."
>
> „Also die Medien erziehen nicht, sondern ich versuche zu erziehen, wie man mit den Medien umgeht. Das würde ich darunter verstehen. Und setze natürlich meinen eigenen Maßstab da an. Na und da bin ich mal, denke ich relativ locker und mal halt auch nicht."
>
> „Ich versuche (es) so gut wie möglich hinzukriegen, meine Kinder so zu erziehen, wie ich denke, dass es gut ist. Wenn es mir nicht gelingt, ist es nicht gelungen, aber ich mache es so, wie ich denke, dass es gut ist" (Wagner; Gebel; Lampert 2013, S. 13).

Die oben aufgeführten Zitate aus dem Forschungsprojekt des JFF-Instituts für Medienpädagogik und des Hans-Bredow-Instituts für Medienforschung belegen, dass die Sichtweisen auf Medienerziehung und Erziehung im Alltag von Familien sehr unterschiedlich sind. Die Eltern haben jedoch alle den gleichen Anspruch, und zwar ihre Kinder so gut wie möglich beim Aufwachsen zu unterstützen. „Dieser Anspruch wird von der Wahrnehmung und dem Wissen begleitet, dass Eltern zum einen nicht alles unter Kontrolle haben können und dass es zum anderen kein Patentrezept gibt, das sich ohne Weiteres auf alle Familien übertragen lässt, auch wenn sich viele ein solches wünschen" (ebd.).

Die Mediennutzung von Schüler(n)/innen beginnt häufig bereits im frühen Kindesalter. So findet der erste Kontakt mit Medien in der Familie statt, und die Familie ist die erste und wesentliche Instanz, durch die Grundmuster der Mediennutzung geprägt und beeinflusst werden. Einerseits begleiten Eltern ihre Kinder mehr oder weniger bewusst in ihrem Medienhandeln. Andererseits sind die Eltern durch ihre eigenen medialen Nutzungsweisen, die sie vorleben, für die Kinder in einer Vorbildrolle. Es entscheidet sich insbesondere in der Familie, mit welchen Medien Kinder in Berührung kommen, wie nah sie diesen Medien kommen dürfen, und welchen Stellenwert Medienangebote und medienbasierte Aktivitäten im Alltag gewinnen (vgl. Wagner; Gebel; Lampert 2013, S. 13). Zudem hängt die Medienerziehung zum einen von dem soziokulturellen Lebensstil und zum anderen von der materiellen Lebenslage der Familie ab. „Mit Blick auf die Partizipationschancen der Kinder am Netz ist festzuhalten, dass fast alle Eltern ihren Kindern spätestens im Verlauf der Sekundarstufe I einen Internetzugang ermöglichen" (Feil 2010, S. 60). Andererseits tragen Schüler/innen der Sekundarstufe I die Medien(angebote) aus dem Freundeskreis in die Familie hinein und verändern damit auch das Medienrepertoire der Familie.

Der Umgang mit Medien ist als integraler Bestandteil familiärer Erziehung anzusehen. „Dabei ist zu unterscheiden zwischen der alltäglichen Praxis, wie mit Medien in der Familie umgegangen wird, und zielgerichtetem Handeln, das explizit die Medien als Gegenstand der Erziehung in den Blick nimmt" (Wagner; Gebel; Lampert 2013, S. 14). Demnach wird Medienerziehung zum einen vom Medienumgang der Eltern beeinflusst, dies betrifft z.B. ihre eigene Medienbiografie, ihre Haltung gegenüber Medien sowie ihre eigene Medienkompetenz. Zum anderen ist es wichtig, welche Einstellungen die Eltern gegenüber dem Medienhandeln ihrer Kinder entwickeln.

### 6.4.1 Eltern und Medien

Die Medienerziehung in Familien kann nicht unabhängig von der eigenen Mediennutzung der Eltern gesehen werden. Nicht alle Eltern sind mit allen Medientätigkeiten, die ihre Kinder heute selbstverständlich ausüben (wollen), in gleichem Maße vertraut oder können auf eigene Erfahrungen zurückgreifen.

Welche Alltagsrelevanz die einzelnen Medien jedoch für Eltern haben, zeigt die Häufigkeit ihrer Mediennutzung, die in der FIM-Studie 2011 aufgezeichnet wurde (vgl. Abb. 6). Hier geben fast alle Eltern an, regelmäßig (mindestens mehrmals pro Woche) zu telefonieren (97 %) und fernzusehen (94 %). Auch das Radio (84 %) gehört für die überwiegende Zahl der befragten Eltern in das Repertoire regelmäßig genutzter Medien. Hinzu kommen die häufige Internetnutzung (74 %) und die Nutzung der Lektüre von (Tages-)Zeitungen (69 %) (vgl. FIM-Studie 2011, S. 58). Zudem ist es zu erkennen, dass knapp die Hälfte regelmäßig Bücher (46 %) liest, je zwei Fünftel Tonträger (39 %) hören und Zeitschriften oder Magazine (38 %) lesen. Ferner kann man an der Abbildung erkennen, dass 23 Prozent der Befragten MP3-Dateien hören, während 15 Prozent der Eltern regelmäßig Computerspiele spielen. „DVDs, Videos oder Blurays sehen 13 Prozent mehrmals pro Woche und fünf Prozent nutzen Spielkonsolen" (ebd.).[1]

Da hier das Alter als Einflussfaktor für das Mediennutzungsverhalten herangezogen wird, kann man erkennen, dass junge Eltern beim Internet, Bücher lesen/Vorlesen, Cds/Kassetten, MP3s und Computerspielen eine deutlich höhere Nutzung

---

[1] Bei den hier angegebenen Daten handelt es sich jeweils um den Mittelwert, der anhand der Abbildung berechnet wurde.

aufweisen. Dagegen werden (Tages-)Zeitungen und Zeitschriften von Älteren häufiger genutzt (vgl. Abb. 6).

|  | Bis 34 Jahre | 35-44 Jahre | Ab 45 Jahre |
|---|---|---|---|
| Internet nutzen | 82 % | 75 % | 67 % |
| Tageszeitung/Zeitung lesen | 44 % | 74 % | 82 % |
| Bücher lesen/vorlesen | 57 % | 46 % | 37 % |
| CDs/Kassetten hören | 49 % | 39 % | 31 % |
| Zeitschriften/Magazine lesen | 30 % | 40 % | 41 % |
| MP3s hören | 28 % | 25 % | 17 % |
| Computerspiele spielen | 19 % | 16 % | 12 % |

Abb. 6: Medientätigkeiten – Eltern: täglich/mehrmals pro Woche – Quelle: FIM-Studie (2011), S. 59

In der Studie wird neben dem Alter auch der Bildungsstand der Eltern als Einflussfaktor für die Mediennutzung berücksichtigt. Es wird deutlich, dass dieser einen starken Einfluss auf das Mediennutzungsverhalten der Eltern hat (vgl. Abb. 7). „So übersteigt der Anteil der Internetnutzer mit hohem Bildungsniveau den der Internetnutzer mit geringerem Bildungsstand um 20 Prozent" (Kulhay 2013, S. 28). Entsprechend weisen Eltern mit einer hohen Schulbildung auch die höchste Nutzung beim Lesen bzw. Vorlesen von Büchern auf, während die Nutzungsintensität von Medien wie Fernsehen und Telefon sowohl bei Eltern mit einer niedrigen Schulbildung als auch bei denjenigen mit einer mittleren und höheren Schulbildung annähernd gleich ist . Allerdings kann man erkennen, dass der Anteil der Computer- und Konsolenspieler der bildungsfernen Eltern den der höher gebildeten Eltern um fast 10 Prozent übersteigt (vgl. ebd.). Abgesehen hiervon zeigen Eltern mit höherem Bildungshintergrund jedoch generell eine häufigere Mediennutzung. Dies kann man vor allem an der Internetnutzung und dem Lesen von Büchern, (Tages-) Zeitungen und Zeitschriften feststellen. „Die Betrachtung der Häufigkeit der Nutzung beispielsweise in der Ausprägung 'mehrmals pro Woche' sagt etwas über die 'Alltäglichkeit' eines Mediums aus, macht aber keine Aussage zur jeweiligen Dauer der Nutzung. Das heißt Eltern mit höherer Bildung und Berufstätige haben ein breiteres Medienrepertoire, aus dem sich die Medienwelt zusammensetzt" (FIM-Studie 2011, S. 59f.).

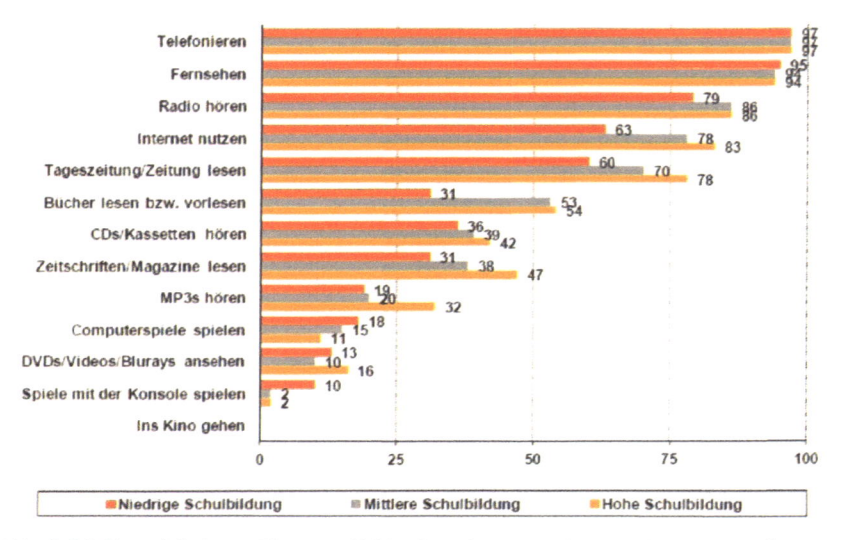

Abb. 7: Medientätigkeiten – Eltern: täglich/mehrmals pro Woche – Quelle: FIM-Studie (2011), S. 60

### 6.4.2 Die Vielfältigkeit der Medienwelten als Herausforderung für Eltern

„Es ist keine Offenbarung, dass Familien heute vor großen Herausforderungen stehen und zukünftig stehen werden; dabei ist vielen jedoch nicht bewusst, dass auch die Dimensionen der neuen Medien in ihrer Vielschichtigkeit dazugehören" (Weber 2012, S. 105). So begegnen Eltern im Kontext von Medienerziehung verschiedenen Dilemmata. Einerseits wird nämlich betont, dass Medien heute integraler Bestandteil des Alltags- und Soziallebens von Schüler(n)/innen sind und dass Medienkompetenz eine notwendige Grundlage für die berufliche Zukunft darstellt. Andererseits ruft die öffentliche Berichterstattung mit z.T. alarmistischen Berichten, die auf medienbezogene

Risiken und negative Wirkungen verweisen, bei den Eltern große Sorgen hervor (vgl. Wagner; Gebel; Lampert 2013, S. 14). So steht sowohl in öffentlichen als auch in privaten Diskussionen insbesondere das Ausmaß der Computer- und Internetnutzung von Schüler(n)/innen im Vordergrund, so dass sich Eltern fragen, ob ihr Kind „computersüchtig" ist. Dadurch dass die Forschung jedoch nur an allgemeinen Suchtkriterien orientiert ist, fällt es den Eltern schwer, deren Relevanz und Richtigkeit in Bezug auf die eigenen Kinder einzuschätzen.

Dennoch sorgt, unabhängig von der Frage, ob im pathologisch-klinischen Sinne „Sucht" vorliegt, eine als übermäßig wahrgenommene Medienaffinität der Heranwachsenden dafür, dass Familien Belastungen ausgesetzt sind (vgl. Kammerl et al. 2012, S. 8). So kann es zu Spannungen und Auseinandersetzungen in der Familie kommen, da z.B. Familienunternehmungen wie Ausflüge oder das gemeinsame Abendessen mit den Mediennutzungsgewohnheiten und -wünschen der Kinder kollidieren (vgl. ebd.). Dieses wird auch dadurch verstärkt, dass innerhalb des europäisch geprägten Systems Familie die einzelnen Mitglieder inzwischen ihre unterschiedlichen individuellen Bedürfnisse zur Geltung bringen und sich auch in unterschiedlichen medialen Handlungsschemata bewegen. Dadurch bilden auch Schüler/innen differierende mediale Nutzungsprofile heraus, die zu Konflikten mit ihren Eltern führen können (vgl. Weber 2012, S. 105). Auch wenn das vehemente Einfordern und Durchsetzen eigener (neuer) Handlungsfreiheiten vonseiten der Schüler/innen eigentlich nichts Unübliches ist, befürchten Eltern oft ein Suchtverhalten, sobald es um medienbezogene Handlungsspielräume ihrer Kinder geht.

Des Weiteren fürchten viele Eltern potenziell gefährliche Internetkontakte in Chatrooms oder die Gefährdung ihrer Kinder durch politisch extreme, gewalthaltige oder pornografische Websites. Es gibt also viele potenzielle Risiken bei der Nutzung von Computer und Internet, die bei den Eltern Unsicherheiten schüren (vgl. Kammerl et al. 2012, S. 8). Eine weitere Ursache für die eingeschränkte Urteilssicherheit von Eltern besteht darin, dass sie neueren Medienentwicklungen häufig wesentlich distanzierter gegenüberstehen als ihre Kinder. So können sie das Medienhandeln ihrer Kinder nicht immer nachvollziehen, geschweige denn gutheißen. Dies gilt vorwiegend für weniger technikaffine Eltern, aber auch für diejenigen, die neuere Medien wie z.B. das Internet zwar nutzen, jedoch in anderer Weise als ihre Kinder. Darüber hinaus führt die zunehmende räumliche und zeitliche Entgrenzung des Alltagslebens dazu, dass Eltern immer weniger Einblick in das Medienhandeln ihrer Kinder haben. Zum einen ist hier eine Verlagerung der kindlichen Mediennutzung ins Kinderzimmer aufzuführen, bedingt durch die Medienausstattung der Kinder. Zum anderen zeichnet sich aufgrund der rapiden Verbreitung von multifunktionalen und internetfähigen Smartphones zumindest bei den Schüler(n)/innen der Sekundarstufe I ein Trend zur mobilen Mediennutzung ab. Schließlich bewirken diese Entwicklungen, dass die Mediennutzung aus dem Blickfeld der Eltern gerät. Dennoch sehen sich Eltern im Familienalltag ständig mit der Herausforderung konfrontiert, bezüglich des Medienumgangs Entscheidungen zu treffen bzw. Grenzen zu setzen (vgl. Wagner; Gebel;

Lampert 2013, S. 15). „Aus der Tatsache, dass Medienerziehung tagtäglich in der Familie stattfindet, wird oftmals vorschnell die Schlussfolgerung abgeleitet, dass Eltern allein für die Mediennutzung und Medienerziehung ihrer Kinder verantwortlich seien, was Eltern im Alltag unter Druck setzt und bisweilen ihre Ressourcen übersteigt" (ebd.). So kann es leicht dazu kommen, dass Eltern überfordert sind und Hilfe von außen benötigen, was am folgenden Beispiel verdeutlicht werden soll:

> „Ich weiß nicht mehr, was ich tun soll. Ich denke, mein Sohn ist computerspielsüchtig. Sein ganzer Tagesablauf dreht sich nur noch um das Spiel „World of Warcraft". Wenn er von der Schule nach Hause kommt, setzt er sich sofort vor den Computer und spielt dann durchgehend bis mindestens 23 Uhr, manchmal wird es auch später. Ich habe es aufgegeben, zu kontrollieren, wann er den Computer endlich ausschaltet. Morgens ist er meistens völlig übermüdet und kommt kaum aus dem Bett. Manchmal geht er dann auch gar nicht zur Schule. Wegen der unentschuldigten Fehlzeiten droht ihm jetzt der Rauswurf. Seine Noten sind mittlerweile sowieso schlecht geworden, dass er den Abschluss wahrscheinlich gar nicht schaffen würde – er geht nämlich in die 10. Klasse der Realschule. Ich habe so oft versucht, mit ihm zu reden, aber ich finde gar keinen Zugang mehr zu meinem Sohn. Eigentlich sprechen wir kaum noch miteinander. Wenn ich ihm den Computer verbiete, reagiert er total aggressiv. Er beschimpft mich teilweise mit so verletzenden und heftigen Ausdrücken – das kenne ich von meinem Sohn sonst gar nicht. Ich weiß einfach nicht mehr weiter. Wie soll ich bloß mit ihm umgehen?" (Teske 2009, S. 331).

Das aufgeführte Beispiel betrifft heute zahlreiche Eltern, die mit der exzessiven Mediennutzung ihrer Kinder überfordert sind und daher Unterstützung bzw. eine Beratung brauchen. Da das Medienverhalten der Schüler/innen der Sekundarstufe I sich auch auf ihre Schulleistungen und auf den Unterricht auswirkt, ist es essentiell, dass Eltern und Lehrer miteinander kooperieren. Die Schule und das Elternhaus sind nämlich zentrale Lebensumwelten für die Schülerinnen und Schüler. So führt auch Helmke (2003) in seinem Makromodell der Bedingungsfaktoren schulischer Leistung diese beiden Lebensumwelten als wichtige Einflussgrößen auf die Schulleistung von Kindern an. Demzufolge ist die Kooperation von Schule und Elternhaus maßgebend für die Erziehung und die schulische Laufbahn des Kindes.

In diesem Sinne wird Lehrern[2] als Berater eine wesentliche Rolle zugeschrieben, was im folgenden Kapitel thematisiert werden soll.

---

[2] Aus Gründen der Lesbarkeit wird in der vorliegenden Arbeit von Lehrern gesprochen, die weibliche Form wird jedoch selbstverständlich mit einbezogen.

## 7 Elternberatung als Teil des Lehrerberufs

„'Beraten' ist eine Lehrerfunktion! Daneben hat der Lehrer weitere Aufgaben: Unterrichten, Erziehen, Diagnostizieren, Fördern. Er soll Leistungen bewerten, Lernprozesse evaluieren, in der Schule innovieren und kooperieren" (Kliebisch; Meloefski 2011, S. 24). Allerdings fokussiert die Lehrerausbildung besonders auf das Unterrichten, das Fördern und das Messen von Leistungen, sodass die professionelle Beratung in der Ausbildung meist zu kurz kommt. Dementsprechend beruht das Beraten in der Schule sowie das Diagnostizieren bisher oft nur auf der Intuition der Lehrer. So folgt der Lehrer in der Regel seinem gesunden Menschenverstand und entwickelt aufgrund bisheriger Gesprächserfahrungen ein Gefühl, wie die Beratung verlaufen könnte. Hier sind also weder eine Konzeption noch hinreichende Erfahrung durch Beratungspraxis vorhanden (vgl. ebd.).

Dennoch wird in der „Allgemeinen Schulordnung in Nordrhein-Westfalen" auch die Beratung von Eltern als Aufgabe von Lehrern angeführt:

„§ 39 Elternberatung

1. Die Schule unterrichtet die Erziehungsberechtigten über die Entwicklung des Schülers und berät den Schüler und die Erziehungsberechtigten.

2. Zur Beratung der Erziehungsberechtigten sollen die Lehrer in Elternsprechstunden außerhalb des Unterrichts zur Verfügung stehen. In Ausnahmefällen ist es den Erziehungsberechtigten zu ermöglichen, nach vorheriger Vereinbarung den Lehrer auch außerhalb der Sprechstunde aufzusuchen.

3. Je Schulhalbjahr soll ein Elternsprechtag durchgeführt werden (§ 11 Abs. 11 SchMG). Dieser Sprechtag ist zeitlich so zu legen, daß allen Erziehungsberechtigten die Möglichkeit zu einem eingehenden Gespräch mit den Lehrern des Schülers gegeben wird.

4. Die Erziehungsberechtigten sind nach Maßgabe des § 11 Abs. 10 SchMG berechtigt, am Unterricht und an sonstigen Schulveranstaltungen teilzunehmen." (Gesetz- und Verordnungsblatt (GV. NRW.))

Allerdings betont auch Rother (2014, S. 7), dass die professionelle Gesprächsführung in Studium und Ausbildung nicht oder kaum vorkommt, sodass Lehrern in Elterngesprächen die Professionalität häufig fehlt. Aus diesem Grund verhalten sich Lehrer in Gesprächen anders, als es z.B. professionelle Berater tun würden. So verwenden sie in vielen Fällen bestimmte Gesprächsmuster. „Welches Vorgehen sie wählen, ist dabei vom Verhalten und Auftreten der Eltern abhängig" (Rother 2014, S. 7). Daraus lässt sich erschließen, dass die Gesprächsmuster rein reaktiv sind. So agieren Lehrer kooperativ, wenn sie Kooperationsangebote vonseiten der Eltern erkennen. Begegnen Lehrer dagegen Eltern, die sich distanzieren, führt dieses auch bei den Lehrern zu einer Distanzhaltung. Im Gegensatz dazu gelingt es Menschen, die in professioneller Gesprächsführung ausgebildet sind, aktiv zu handeln und auch mit Konfliktfällen professionell umzugehen (vgl. ebd.). Diese Professionalität ist auch im Hinblick auf die Beratung von Eltern medienabhängiger Schüler/innen essentiell, da viele Eltern durch die exzessive Mediennutzung ihrer Kinder vor großen Herausforderungen stehen und dadurch auch gereizt auftreten können.

Daher sollen im Folgenden Gesprächstechniken, die Vorbereitung des Elterngesprächs und ein angemessener Umgang mit Konflikten vermittelt werden. Doch zunächst soll eine Definition von Beratung ausgearbeitet werden.

## 7.1 Was ist Beratung?

Beratung wird (bei „nicht-pathologischen Problemfällen") als eine freiwillige, meist kurzfristige, oft nur situative soziale Interaktion zwischen einem (meist professionellen) Berater und einem Ratsuchenden definiert (vgl. Lexikon der Psychologie). „Beratung wahrt Vertraulichkeit und zielt auf der Grundlage professioneller Handlungskompetenzen und unter Einbezug von Laien und Selbsthilfeinitiativen auf Hilfe zur Selbsthilfe mittels reaktiver oder präventiver, helfender Unterstützung bei Informationsdefiziten, Entscheidungsproblemen oder aktuellem Überfordertsein" (ebd.). So soll der Berater in einem gemeinsam verantworteten Beratungsprozess die Entscheidungs- und Handlungssicherheit zur Bewältigung eines vom Ratsuchenden vorgegebenen aktuellen Problems erhöhen. Dies kann in der Regel durch die Vermittlung von neuen Informationen und/oder durch die Analyse, Neustrukturierung und Neubewertung vorhandener Informationen erfolgen (vgl. Posse, S. 263).

Die Beratung als professionelle Handlungsform folgt einem systematischen Handlungsablauf, bestehend aus drei Hauptphasen. In der ersten Phase „Einführung in das Gespräch" muss der Berater eine vertrauensvolle Beziehung zu dem Ratsuchenden herstellen, da die Wirksamkeit der Beratung entscheidend davon abhängt, inwieweit dem Berater dies von Anfang an gelingt. „Es beginnt mit der Begrüßung (freundlich und zugewandt, Small Talk über Zufälliges, Platzwahl u.

Ä.) und führt auf indirektem Wege zum eigentlichen Beratungsinhalt (Beschreibung des Anlasses, der Erwartungen, der Bedingungen)" (Kliebisch; Meloefski 2011, S. 19). Hier kann der Berater erkennen, inwieweit sich die zu beratende Person auf das Beratungsgespräch einlassen kann oder möchte. Darauf folgt die Phase des „Beratungsgesprächs", wo der zu Beratende zunächst die eigene Sicht der Dinge darstellt. Anschließend formulieren der Berater und der Ratsuchende gemeinsam das Ziel der Beratung. In einem zweiten Schritt sucht man gemeinsam nach Lösungen für die Probleme, wobei der Berater dem Ratsuchenden die Lösungen nicht vorgibt, sondern zu tragfähigen Lösungen hinführt. Nun muss sich der Ratsuchende im dritten Schritt für einen Lösungsweg entscheiden, wobei der der Berater keine Empfehlung gibt. Hier müssen Probleme, die bei der Umsetzung des gewählten Lösungsweges entstehen können, bearbeitet werden. Daraufhin folgen Vereinbarungen, nämlich zu welchem Zeitpunkt das Ergebnis erreicht sein soll und in welchen Etappen die Lösung umgesetzt wird. Schließlich folgt die Phase „Rückblick auf das Beratungsgespräch". Am Ende der Beratung wird ein Feedback ausgesprochen, das dem Berater und der zu beratenden Person die Gelegenheit gibt, Gefühle und Gedanken auszudrücken, die die Beratung ausgelöst haben. Zudem sollte hier die Mitwirkung des Ratsuchenden im Beratungsgespräch anerkannt werden, wobei ihm auch Zuversicht für die Umsetzung der Maßnahmen vermittelt werden kann (vgl. ebd., S. 19f.).

So sind Beratungsgespräche auch in der Schule von großer Bedeutung. Hier besteht die Möglichkeit für den Lehrer, Lösungen zu entwickeln, die von Eltern dauerhaft und mit Überzeugung vertreten werden. Zudem bietet die Beratung auch in schwierigen Gesprächssituationen mit Eltern einen Ausweg, wenn der Lehrer sich in die Denkweise und in die Methoden der Beratung eingefunden hat (vgl. Rother 2014, S. 15).

### 7.2 Gesprächstechniken

„Aus der Perspektive der Sprachwissenschaft sind Gespräche Interaktionen. Menschen, die miteinander reden, führen sprachliche Handlungen aus, die in Beziehung zu einander stehen" (ebd., S. 52). Die Gesprächshandlungen und ihre konkrete Formulierungen werden als „Gesprächstechniken" bezeichnet. Diese werden als Werkzeuge eingesetzt, um die gesetzten Ziele in einem Gespräch zu erreichen. Anzumerken ist, dass in einem Gespräch viele Situationen auftreten können, in denen es nicht die „richtige" Gesprächstechnik gibt. So stehen Lehrern in Gesprächen mit den Eltern zahlreiche erfolgversprechende Möglichkeiten zur Verfügung, wie sie fortfahren können (vgl. ebd.).

## Aufmerksames Zuhören

Aufmerksames Zuhören ist eine Grundvoraussetzung für einen verständnisvollen Dialog. Durch das aufmerksame Zuhören gelingt es dem Lehrer, ein Abschweifen seiner Gedanken vom Thema zu vermeiden. Zudem schützt diese Gesprächstechnik den Lehrer davor, selbst viel zu reden. Ansonsten besteht nämlich die Gefahr, dass das Gespräch scheitert. Allerdings kann es auch zu Nebenwirkungen kommen, wenn der Lehrer zu oft und zu lange in der Rolle des aufmerksamen Zuhörers ist. So kann es z.B. dazu kommen, dass das Gespräch stagniert oder in die falsche Richtung läuft. Darüber hinaus können die Eltern den Lehrer als passiv empfinden (vgl. ebd., S. 54). Auch Kliebisch und Meloefski (2011, S. 76) betonen, dass Eltern mehr erzählen, wenn der Lehrer sich aktiv interessiert. Dazu führen sie einige Beispiele als bestätigende Signale auf, die der Lehrer verbal und nonverbal geben kann. Verbal wären folgende Beispiele: „Oh.", „Hm..", „Ah, wirklich sehr interessant!", „Ich verstehe".

Nonverbal kann der Lehrer seine Aufmerksamkeit zeigen, indem er beispielsweise lächelt, seine Stirn in Falten zieht, Augenbrauen hochzieht oder den Kopf schüttelt (vgl. ebd., S. 77f.). Diese Signale zeigt der Zuhörer in der Regel automatisch, wenn er aufmerksam ist. Sie können aber auch bewusst eingesetzt werden, wenn man seinem Gesprächspartner besondere Aufmerksamkeit entgegenbringen möchte. Im Hinblick darauf betont Rother (2014, S. 53), dass aufmerksames Zuhören Konzentration erfordert und anstrengend sein kann. Das Zuhören gilt jedoch als Voraussetzung für die Anwendung der weiteren Gesprächstechniken.

## Aktives Zuhören

Beim aktiven Zuhören geht es darum, dass der Lehrer das, was von der Äußerung der Eltern bei ihm angekommen ist, in eigenen Worten kurz wiedergibt. In diesem Zusammenhang sind drei Aspekte zu beachten. Erstens kann der Lehrer nur das wiedergeben, was er als Zuhörer verstanden hat und nicht etwa das, was die Eltern gemeint haben. Des Weiteren sollte der Lehrer seine Zusammenfassung immer in eigenen Worten zum Ausdruck bringen, da sonst die Gefahr besteht, dass sich die Eltern auf den Arm genommen fühlen. Demnach haben wörtliche Wiederholungen eine ganz andere Wirkung als umschreibendes Zuhören. Drittens sollte beachtet werden, dass die Zusammenfassung kurz ist. „Das heißt, sie wird in der Regel deutlich kürzer sein als die Äußerung des Sprechers" (Rother 2014, S.56).

Durch das aktive Zuhören können Missverständnisse vermieden werden, da der Lehrer den Eltern mitteilt, wie er sie verstanden hat. So können die Eltern ihn verbessern, wenn er sie falsch verstanden hat. Auf diese Weise kann eine Verständigung gesichert werden. Zudem zeigt der Lehrer durch das aktive Zuhören, dass er an der Ansicht der Eltern interessiert ist und ihnen aufmerksam zuhört. So betont Rother, dass das aktive Zuhören noch stärker wirkt als die reine Verwendung von Aufmerksamkeitssignalen. Ferner gibt diese Gesprächstechnik zurückhaltenden Eltern die Sicherheit, sich stärker in das

Gespräch einzubringen. Ein weiterer Vorteil des aktiven Zuhörens ist, dass der Lehrer Zeit gewinnen kann, wenn er spontan (noch) nicht weiß, wie er auf die Äußerung der Eltern am besten reagieren kann. So kann er über seine Reaktion nachdenken, während sich die Eltern zu seiner Zusammenfassung äußern.

**Aktives Zuhören mit vier Ohren**

Das „Vier-Ohren-Modell" oder auch „Kommunikationsquadrat", ist ein Kommunikationsmodell von Friedemann Schulz von Thun. Dieser geht davon aus, dass das Senden und Empfangen einer Nachricht immer auf vier Wegen geschieht. „Wer spricht, kommuniziert dabei die folgenden Ebenen: Sachinhalt, Beziehung, Selbstoffenbarung und Appell" (Wortwuchs). Diesem Modell zufolge spricht der Sprecher mit vier „Schnäbeln". So kann auch der Empfänger den Inhalt auf diesen vier Ebenen hören (vgl. Abb. 8).

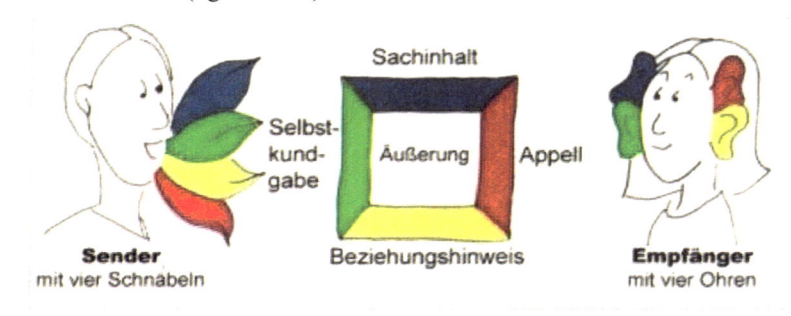

Abb. 8: Das Vier-Ohren-Modell
Quelle: Schulz von Thun, Institut für Kommunikation

Demnach kann die Äußerung des Gegenübers auf mindestens vier verschiedene Weisen verstanden werden. So bräuchte man also vier Ohren, um alle Dimensionen bzw. Botschaften einer Nachricht wahrzunehmen. Dabei hat der Empfänger die freie Auswahl, auf welche Seite der Nachricht er reagieren möchte (Hennig; Ehinger 2014, S. 59). Zudem behaupten Hennig und Ehinger, dass der Mensch in Abhängigkeit von der Persönlichkeit, der Beziehung zum Gesprächspartner, der

Situation und der Erfahrungen allzu oft „einohrig" sei und einseitige Empfangsgewohnheiten habe. „Und wenn Sender-Mund und Empfänger-Ohr nicht übereinstimmen, kommt es zu Missverständnissen und -interpretationen und somit zu Kommunikationsstörungen" (ebd.).

Auf der Sachebene hört der Empfänger, was sein Gegenüber über die Welt, also die Dinge um ihn herum, sagt. Hierbei geht es um Fakten und Wahrnehmungen. Mit dem Appell-Ohr werden Befehle, Bitten und Anforderungen des Gegenübers verstanden. Die Beziehungsebene im Vier-Ohren-Modell zeigt das Verhältnis zwischen dem Sender und Empfänger. Damit kann der Empfänger erkennen, als was für einen Menschen ihn sein Gegenüber darstellt. Außerdem enthält jede Äußerung einen Teil, der auf die Gefühle, Werte, Ansichten sowie Bedürfnisse des Senders verweist und mit dem Selbstkundgabe-Ohr wahrgenommen wird (vgl. Rother 2014, S. 46).

So kann sich der Lehrer auf diese vier verschiedene Ebenen beziehen, wenn er beim aktiven Zuhören die Äußerung der Eltern reformuliert. Das folgende Beispiel soll dies veranschaulichen:

Nach dem Unterricht erscheint eine Mutter und spricht den Lehrer mit diesen Worten an: „Wer gibt Ihnen das Recht, meinem Sohn einfach das Handy wegzunehmen?"

|  | Was könnte der Lehrer hören? | Wie könnte der Lehrer aktiv zuhören? |
|---|---|---|
| **Sach-Ohr** | Sie haben nicht das Recht, meinem Sohn das Handy wegzunehmen. | „Ich darf Ihrem Sohn nicht das Handy wegnehmen?" |
| **Appell-Ohr** | Nehmen Sie meinem Sohn nicht das Handy weg. | „Sie möchten, dass ich in Zukunft Ihrem Sohn nicht das Handy wegnehme?" |
| **Beziehungs-Ohr** | Sie sind inkompetent. | „Sie denken, ich bin inkompetent?" |
| **Selbstkundgabe-Ohr** | Ich ärgere mich. | „Ich habe den Eindruck, dass Sie verärgert sind." |

Abb. 9: Das Vier-Ohren-Modell (eigenes Beispiel nach dem Muster von Rother)
Quelle: Rother 2014, S. 57

So stehen dem Lehrer mindestens vier verschiedene Möglichkeiten zur Verfügung, um eine Äußerung zu interpretieren. Durch das aktive Zuhören greift er nur eine auf und zeigt seinem Gegenüber, wie er ihn verstanden hat oder verstehen möchte. Wenn der Lehrer dabei bewusst das Sach- oder Selbstkundgabe-Ohr wählt, gelingt es ihm, kritische Äußerungen nicht als Angriff zu interpretieren. Zudem kann der Lehrer den Eltern in hohem Maße Wertschätzung zeigen, indem er die Botschaft erkennt und auswählt, die ihnen besonders wichtig ist (vgl. Rother 2014, S. 57). „Dabei ist das aktive Zuhören ganz besonders geeignet, den Gesprächspartner negative Emotionen (Ärger, Sorgen usw.) 'abladen' zu lassen" (ebd.). Dadurch dass hier die negativen Emotionen aufgegriffen werden, kann den Eltern die Sicherheit gegeben werden, dass sie „richtig" verstanden worden sind. Auf diese Weise verläuft das Gespräch dann oft viel ruhiger und gelassener (vgl. ebd.).

Allerdings weist Rother auch hier auf die Nebenwirkungen und Probleme. So kann es z.B. passieren, dass das Gespräch nicht vorankommt, wenn im Vergleich zu anderen Gesprächshandlungen zu oft das aktive Zuhören verwendet wird. Des Weiteren können einzelne Aspekte zu stark vertieft werden, sodass der Lehrer darauf achten muss, wann ein aktives Zuhören notwendig ist. Es besteht auch die Gefahr, dass sich die Eltern veralbert fühlen, wenn zu viel aktiv zugehört wird.

**Ich-Botschaften**

„Bei der Gesprächstechnik Ich-Botschaft geht es darum, die SelbstkundgabeSeite besonders zu betonen" (Rother 2014, S. 61). Dabei verfolgt der Lehrer das Ziel, dass die Eltern ihn möglichst auf dem Selbstkundgabe-Ohr verstehen.

Daher kommen hier die eigenen Gedanken, Gefühle und Ansichten zum Ausdruck. Oft kann der Lehrer sein Anliegen sowohl mit einer Ich- als auch mit einer Du-Botschaft (oder auch Sie-Botschaft) schildern, wobei diese jeweils eine ganz andere Wirkung haben. Ein Beispiel für die Ich-Botschaft wäre: „Da habe ich mich sehr geärgert." Hingegen könnte eine Du- bzw. Sie-Botschaft wie folgt aussehen: „Aber Sie haben mich so auf die Palme gebracht." Eltern können sich durch Letzteres angegriffen fühlen und die Aussage bestreiten und Gegenargumente bringen. Dies wird bei Ich-Botschaften vermieden, da Eltern z.B. auf „Da habe ich mich sehr geärgert" kaum damit reagieren können, die Behauptung abzustreiten (vgl. ebd.).

Rother gibt an, dass Ich-Botschaften in Beratungsgesprächen insbesondere in der Rolle des Problembetroffenen gezielt eingesetzt werden sollten. „Also vor allem in den Phasen 'Problemsicht des Lehrers' und 'Lösungsvorschläge des Lehrers'" (ebd. S. 62). Ist es dem Lehrer dagegen wichtig, allgemeingültige Aussagen zu formulieren, sollte er eine Man-Botschaft verwenden wie z.B. „Wir wissen, dass sich übermäßiger Medienkonsum auf die schulische Leistung auswirkt. Das kann man auch bei Julia sehen."

Oft ist es auch hilfreich die Ich-Botschaft mit einem Vorspann zu versehen, d.h. eine sachliche Situationsbeschreibung hinzuzufügen. Es gibt nämlich Fälle, bei denen der Bezugspunkt des Lehrers z.B. etwas, worüber er sich ärgert, für Eltern nicht einsichtig ist. So könnte der Lehrer zunächst die Situation schildern wie beispielsweise: „In der letzten Stunde hat Leon drei Mal mit seinem Handy gespielt und damit auch den Paul abgelenkt". Daraufhin kann die Ich-Botschaft vermittelt werden: „Dies hat mich sehr geärgert." In Bezug darauf betont Rother, dass der Lehrer den Eltern Zeit geben sollte, um Stellung zu einem Aspekt zu nehmen, der in der Ich-Botschaft erscheint und als wichtig empfunden wird (vgl. ebd.).

**Transparenz- und Strukturierungs-Elemente**

Bei dieser Gesprächshandlung geht es darum, in einem Gespräch für einen geordneten Ablauf zu sorgen. „Damit ein solcher Ablauf gelingt, ist es wichtig, ihn für den Gesprächspartner transparent zu machen und Abweichungen zu korrigieren" (Rother 2014, S. 63). Diesbezüglich stellt Rother drei Ebenen vor, auf denen Gespräche gleichzeitig stattfinden, nämlich die Themenbearbeitung, die Gesprächsorganisation und die Beziehungsgestaltung. Auf der Ebene der Themenbearbeitung werden unter anderem bestimmte Inhalte behandelt, Vorschläge gemacht, Lösungen gesammelt und Vereinbarungen getroffen. Für einen geregelten Ablauf im Gespräch mit den Eltern sorgt der Lehrer auf der Ebene der Gesprächsorganisation. So ist es belangvoll, dass er die Themen in einer schlüssigen Reihenfolge behandelt und nicht z.B. von einem Thema zu anderen springt. Zudem sind hier auch das Festhalten von Zwischenergebnissen und das Vermeiden von Schleifen und Sackgassen von Bedeutung. Somit kommen auf dieser Ebene die Transparenz- und Strukturierungs-Elemente zur Geltung. Auf der Ebene der Beziehungsgestaltung geht es um das zwischenmenschliche Miteinander des Lehrers und der Eltern. „Wenn die Beziehungsebene gestört ist, sind immer auch die Organisations- und die Inhalts-Ebene beeinträchtigt" (ebd.). Daher sollte der Lehrer hier schwerwiegende Störungen beheben, damit ein produktives Gespräch mit den Eltern wieder möglich ist (vgl. ebd.).

**Lösungs- und ressourcenorientierte Fragen Konstruktive W-Fragen**

Hennig und Ehinger (2014, S. 39) sind der Auffassung, dass Fragen im Elterngespräch nicht nur dazu dienen, Informationen zu erhalten, sondern eines der wirksamsten Mittel sind, um die Aufmerksamkeit der Eltern in bestimmte, vom Lehrer als nützlich erachtete Richtungen (z.B. auf Ressourcen und/oder Lösungen) zu lenken. Zudem fördern sie bei dem Gesprächspartner konstruktive Suchprozesse. Da sich der Anregungseffekt bei geschlossenen Fragen, die mit einem einfachen „Ja" oder „Nein" zu beantworten sind, in Grenzen hält, ist es sinnvoller, offene lösungsbezogene Fragen zu verwenden. So können die Suchprozesse der Eltern in die konstruktiven Richtungen ihres Wissens, ihrer Stärken, Kompetenzen, Erfahrungen und Ressourcen gelenkt werden (vgl. ebd.). In diesem Zusammenhang weisen Hennig und Ehinger auf konstruktive „W-Fragen" wie z.B: „Was haben Sie bisher gefunden, was Sie der Lösung des Problems näher gebracht hat? Woran würden Sie erkennen, dass sich Ihr Sohn mehr Mühe gibt?" (ebd., S. 40).

**Fragen nach Zielen**

Eltern definieren in der Regel Probleme, die sie „weghaben" wollen. Daher sollte der Lehrer seine Bemühungen im Gespräch mit den Eltern darauf richten, ihnen zu helfen, dass sie „etwas haben wollen". Hierzu formulieren Hennig und Ehinger Kriterien für Zielfragen und Zielverhandlungen. Demnach sollen Ziele klar definiert und präzise auf der Handlungsebene beschrieben werden. Zudem sollen Eigenverantwortung und Eigenkontrolle hervorgehoben werden. Wichtig ist auch, dass eine Zeitperspektive eingeführt wird und Teilziele formuliert werden. Des Weiteren sollen die Ziele im Lebenskontext der Betroffenen realisierbar und erreichbar sein. Ferner soll Zuversicht vermittelt werden und Hoffnung auf Veränderung erfragt und gefördert werden (vgl. Hennig; Ehinger 2014, S. 40).

Allerdings können nur sehr wenige Menschen auf Anhieb ihre Ziele klar und präzise angeben. „Für den Lehrer bzw. die Lehrerin heißt das, sich nicht mit den diffusen Vorgaben zufrieden zu geben, sondern die Betroffenen mit gezielten Fragen dazu zu bringen klare und präzise Aussagen zu machen" (ebd., S. 41).

**Fragen nach der Strategie, wie die Betroffenen in das „Problem rutschen"**

Hennig und Ehinger verdeutlichen, dass das Ergebnis (Problem/Symptom) oft bekannt ist, jedoch nicht die Strategie, der Weg bzw. der Prozess dorthin. Damit der Lehrer diese Strategien kennen lernt, ist präzises Nachfragen der einzelnen Schritte erforderlich, da er sonst seine eigenen Schritte zugrunde legt, was als „Bedeutungsgebung" bezeichnet wird. Der Lehrer sollte also daran interessiert sein, die Strategien zu erfahren bzw. zu verstehen, wie Eltern zu einem bestimmten Ziel kommen. So könnte er beispielsweise Fragen stellen wie „Was könnten Sie tun, damit Sie noch mehr Streit miteinander haben? Was müssten Sie denken, damit Sie noch weniger Geduld mit Ihrer Tochter haben?" (Hennig; Ehinger 2014, S.45).

**Fragen nach Ressourcen und der Bewältigung von Schwierigkeiten**

Hierbei handelt es sich um Fragen nach Fähigkeiten, Stärken sowie der Bewältigung früherer oder angenommener Krisen (vgl. ebd., S. 46). So können die Fähigkeiten, die die Eltern bereits haben, für die Lösung des Problems genutzt werden. Hierzu führt Rother (2014, S.71) einige Fragen auf, die der Lehrer verwenden kann, um gezielt nach solchen Ressourcen zu fragen: „Welche Stärken und Fähigkeiten haben Sie, die zu einer Lösung beitragen können? Wie haben Sie in der Vergangenheit (ähnliche) Probleme erfolgreich gelöst?" (ebd.).

## 7.3 Vorbereitung des Elterngesprächs

Unabhängig davon, ob die Initiative für ein Gespräch von den Eltern oder dem Lehrer selbst ausgegangen wird, sollte dieser sich Zeit nehmen, das bevorstehende Gespräch vorzubereiten (vgl. Palzkill; Müller; Schute 2015, S. 70). So ist es sinnvoll, dass sich der Lehrer Gedanken über die Situation macht, in der das Gespräch stattfindet, „denn wie ein Gespräch abläuft, wird immer durch die Gesprächssituation beeinflusst" (Roggenkamp 2014, S. 21). Hier wird ein Gesprächssituationsmodell als Hilfestellung vorgestellt, um zu verdeutlichen, welche Faktoren ein Gespräch beeinflussen können (vgl. Abb. 10). Dadurch hat der Lehrer die Möglichkeit, sich bei besonders wichtigen oder schwierigen Gesprächen optimal vorzubereiten, indem er die Faktoren vorab zur Klärung nutzt. Falls das Gespräch mit den Eltern nicht zufriedenstellend verläuft, kann der Lehrer mit Hilfe des Modells, nach Abschluss des Gesprächs, feststellen, welcher der Faktoren den Verlauf beeinträchtigt hat.

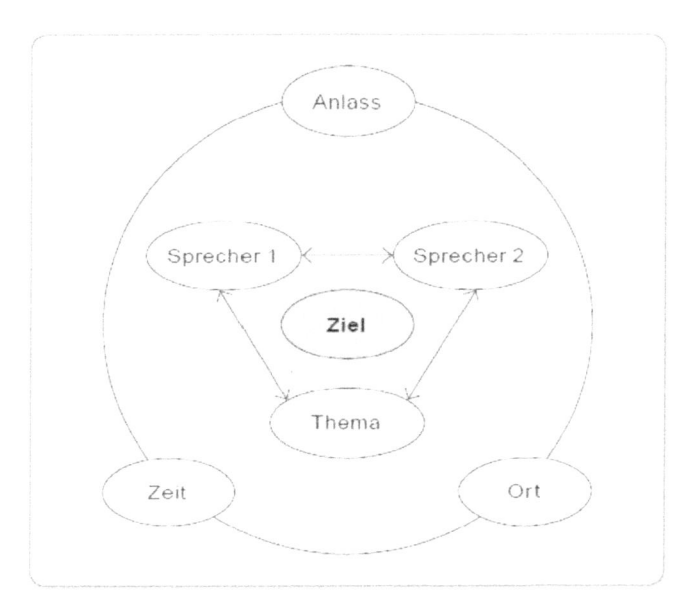

Abb. 10: Gesprächssituationsmodell
Quelle: Roggenkamp 2014, S. 21

In der Abbildung ist zu erkennen, dass zu dem äußeren Rahmen der Anlass, die Zeit und der Ort gehören. Bezüglich des Anlasses sollte sich der Lehrer fragen, ob dieser klar kommuniziert worden ist. So geht es um die Frage, ob die Eltern und der Lehrer wissen, worum es im Gespräch gehen wird. Darüber hinaus sollte sich der Lehrer Gedanken über den Zeitrahmen machen. Er sollte für ein Beratungsgespräch 45 Minuten einkalkulieren. Auch der Raum, in dem das Gespräch stattfindet, ist von Bedeutung (vgl. Roggenkamp 2014, S. 21). So ist es die Aufgabe des Lehrers als Gastgeber dafür zu sorgen, dass das Elterngespräch in einem angemessenen Raum stattfindet, in dem sie nicht gestört werden (vgl. Hennig; Ehinger 2014, S. 88).

Auch die innere Situation des Gesprächs wird in der Abbildung deutlich. Hier sind die Faktoren „Thema", „Ziel" und „Gesprächspartner 1 und 2" zu erkennen. Demzufolge geht es um die Frage, ob beide Gesprächspartner das gleiche Thema im Blick haben oder ob die Gefahr besteht, aneinander vorbeizureden. Wichtig ist hier auch die Einstellung der Gesprächspartner zum Thema. Darüber hinaus sollte sich der Lehrer Gedanken darüber machen, welches Ziel er und die Betroffenen erreichen möchten. So kann es sein, dass beide Seiten das gleiche Ziel verfolgen.

Oft kommt es aber auch vor, dass verschiedene Ziele angestrebt werden (vgl. Roggenlamp 2014, S. 21). Hier hat auch die

Befindlichkeit beider Gesprächspartner einen Einfluss auf das Gespräch. Dementsprechend muss der Lehrer sich dessen bewusst sein, dass der Erfolg eines Elterngesprächs unter anderem auch dadurch bestimmt wird, in welchem Gefühlszustand er das Gespräch beginnt (vgl. Hennig; Ehinger 2014, S. 88).

Bei der Vorbereitung des Elterngesprächs sollte insbesondere auch die Einstellung zu den Eltern berücksichtigt werden. So sollte der Lehrer darüber nachdenken, wie die bisherigen Gespräche mit den Eltern waren, nämlich positiv, vertrauensvoll und konstruktiv oder schwierig, anstrengend und destruktiv (vgl. Palzkill; Müller; Schute 2015, S. 70). In diesem Sinne betonen auch Hennig und Ehinger (2014, S. 82), dass je konflikthafter und spannungsgeladener die Eltern-Lehrer-Beziehung aufgrund der Vorkontakte ist, desto gründlicher der Lehrer sich auf das Elterngespräch vorbereiten sollte. Ein weiterer relevanter Aspekt ist der Gesprächsgegenstand, der zu einem Elterngespräch veranlasst. Dieser ist entscheidend für den Motivationszustand der Eltern und muss in die Vorbereitung miteinbezogen werden (vgl. Würzer 2013, S. 181). Unterscheiden lassen sich vier Motivationszustände, die in der folgenden Abbildung aufgeführt werden:

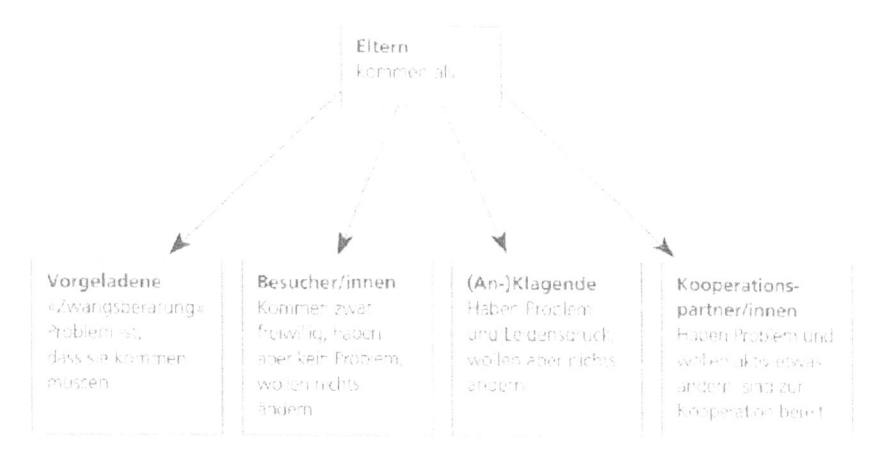

Abb. 11: Motivationszustände der Gesprächspartner nach de Shazer
Quelle: Hennig; Ehinger 2014, S. 82

Es ist bekannt, dass Vorladungen zumeist Abwehrstrategien auslösen. Daher sollte der Lehrer den Eltern klarmachen, dass das Gespräch auf freiwilliger Basis abläuft. Damit macht der Lehrer ein Angebot, um eine problematische Situation in Kooperation mit den Eltern zu bearbeiten und zu lösen. So sollte der Lehrer diesen verdeutlichen, was in der Zukunft passieren würde, wenn sie das Problem nicht bearbeiten würden (vgl. Roggenkamp 2014, S. 22). In diesem Zusammenhang hebt auch Würzer (2013, S. 181) hervor, dass eine gelingende Kommunikation bzw. eine gepflegte Kooperation zwischen Schule und Elternhaus Vertrauen schafft. So werden Lehrpersonen und Eltern als „Expertensysteme" angesehen, die im Idealfall miteinander zum Wohle des Kindes kooperieren und die gegenseitigen Grenzen respektieren. Allerdings wird an den beiden mittleren Motivationszuständen (Besucher/innen, (An)Klagende) deutlich, dass auch diese kaum ein einfaches Elterngespräch ankündigen (ebd.). Roggenkamp veranschaulicht, dass die Eltern (Besucher/innen) hier zwar kommen, aber kein Problem sehen, bzw. die Verantwortung für das Problem auf die Schule und Lehrkräfte übertragen. Der Lehrer sollte in diesem Fall mit dem Positiven beginnen, nämlich dass die Eltern zum Gespräch erschienen sind. Zudem ist es wichtig, dass er sie nach ihren Erwartungen und Zielen fragt. Anschließend kann der Lehrer detailliert und konkret schildern, wo aus seiner Sicht ein Problem besteht. Roggenkamp geht davon aus, dass das Gespräch im dritten Motivationszustand ((An)Klagende) etwas einfacher ist. Auch wenn die Eltern wütend und aufgebracht sind und die Schuld bei dem Lehrer sehen, erkennen sie zumindest an, dass es ein Problem gibt. Damit könne der Lehrer gut arbeiten, indem er die Gemeinsamkeiten in den Sichtweisen betont (vgl. Roggenkamp 2014, S. 22).

## 7.4 Gesprächsphasen

Nach einer gründlichen Vorbereitung kann das Gespräch stattfinden. Ein Phasenmodell kann dem Lehrer dabei helfen, eine professionelle Gesprächsführung umzusetzen. Das Modell besteht aus folgenden Phasen:

1. Begrüßung,
2. Rahmen des Gesprächs,
3. Problemsicht der Lehrkraft,
4. Problemsicht der Eltern,
5. Vergleich der Problemsicht und Problemdefinition,
6. Lösungsvorschläge der Eltern,
7. Lösungsvorschläge der Lehrkraft,
8. Bewertung der Lösungsvorschläge,
9. Entscheidung über konkrete Maßnahmen,
10. Verabschiedung (vgl. Roggenkamp 2014, S. 27).

In diesem Modell stellen sich dem Lehrer vier Herausforderungen. Zunächst einmal sollte er als Gesprächsleiter die einzelnen Phasen durch kurze Erläuterungen einleiten, Zwischenergebnisse zum Abschluss einer Phase festhalten und die Übergänge zur nächsten Phase gestalten. Die zweite Herausforderung besteht für den Lehrer darin, als inhaltlich Betroffener, seine Problemsicht verständlich zu schildern. Des Weiteren ist es die Aufgabe des Lehrers als pädagogischer Experte, Lösungsvorschläge mitzuentwickeln, und als Berater, die Eltern bei der Lösungssuche zu unterstützen (vgl. ebd.).

Kliebisch und Meloefski (2011, S. 62) betrachten die Einstiegsphase einer Beratung als eine oft schwierige Phase, selbst wenn der Lehrer die Eltern bereits kennt. Hier entscheidet sich, wie erfolgreich das weitere Verfahren des Gesprächs sein kann. „Eine positive Beziehung soll sich einstellen und den

Gesprächsverlauf bestimmen" (ebd.). Eine positive Beziehung ist nämlich die Basis dafür, dass sich der Lehrer und die Eltern verstehen und Probleme ansprechen (vgl. ebd.). Demnach sollte sich der Lehrer als guter Gastgeber vorstellen, indem er die Eltern mit Namen begrüßt, ihnen Platz anbietet und sich für ihr Kommen bedankt. Zudem kann er hier im Sinne eines Small Talks über ein alltägliches Thema sprechen oder von einem positiven Ereignis mit dem betreffenden Kind berichten (vgl. Palzkill; Müller; Schute 2015, S. 72). Anschließend soll der Lehrer den Eltern in der zweiten Phase einen Überblick über das gemeinsame Gespräch geben. Hier ist es wichtig, dass der Lehrer alle Dinge klärt, die für einen reibungslosen Ablauf erforderlich sind, und transparent macht, wie er das Gespräch führen möchte. So sollte der Anlass des Gesprächs formuliert, die Gesprächsphasen vorgestellt und der zeitliche Rahmen geklärt werden. Hinzu kommen die Benennung des Ziels, die Besprechung weiterer Formalia und das Einholen des Einverständnisses für den Ablauf. Auf diese Weise können Abweichungen vom Thema oder Wiederholungen vermieden werden. Nachdem Rahmen und Ablauf des Gesprächs geklärt worden sind, kann der Lehrer in der dritten Phase aus seiner Sicht die Situation und den Anlass für das Gespräch erläutern (vgl. Roggenkamp 2014, S. 29). In diesem Zusammenhang weisen Palzkill, Müller und Schute (2015, S. 73) darauf hin, dass der Lehrer seine Beobachtungen mitteilen soll, ohne diese zu interpretieren oder etikettierende Bemerkungen über das Kind oder die Eltern zu machen. „Falls die Eltern schon einige der ersten genannten Punkte diskutieren wollen, ist es hilfreich, noch einmal auf den vorgeschlagenen Ablauf hinzuweisen" (ebd.). So kann der Lehrer sie darum bitten, zunächst seine Sicht im Gesamten erläutern zu können, damit ein umfassendes Bild entstehen kann (vgl. ebd.). Anschließend können in der nächsten Phase die Eltern ihre Sichtweise auf das

Problem schildern. Hier sollte der Lehrer die Eltern bestärken, sich offen zu äußern und die aus ihrer Sicht problematischen Punkte anzusprechen. So kann es auch vorkommen, dass die Eltern die Darstellung des Lehrers aus der vorherigen Phase kritisieren und anzweifeln. Allerdings betont Roggenkamp, dass der Lehrer hier keinesfalls Bewertungen und Zweifel an der Sichtweise der Eltern hervorbringen sollte, da dies das Gespräch nur ins Stocken bringen würde. So würden weitere Argumentationen auftreten, „bei denen es Sieger und Verlierer geben wird, so dass ein lösungsorientiertes Gespräch verhindert wird" (Roggenkamp 2014, S. 30). Anzumerken ist hier, dass diese beiden Phasen auch in umgekehrter Reihenfolge behandelt werden kann, je nachdem, wer das Gespräch initiiert hat (vgl. ebd., S. 27).

Daraufhin müssen in der fünften Phase die Ergebnisse zusammengefasst werden, damit eine gemeinsame Sichtweise auf das Problem entwickelt werden kann. Hier müssen Unterschiede und Gemeinsamkeiten gleichermaßen benannt werden. So kann die anschließende Phase der Lösungsentwicklung ungünstig beeinträchtigt werden, wenn der Lehrer sich auf die Unterschiede konzentriert. Andererseits kann das Problem verwässern, falls er die Gemeinsamkeiten zu sehr betont. Können sich der Lehrer und die Eltern auf ein gemeinsames Verständnis des Problems und eine gemeinsame Zielsetzung einigen, so kann der Lehrer die Phase der Lösungssuche einleiten. In dieser Phase können Lösungen für das besprochene Problem eingebracht werden, ohne sie zu diesem Zeitpunkt zu gewichten und zu bewerten. Der Lehrer sollte das Ziel verfolgen, möglichst viele Vorschläge zu sammeln, indem er sich als Experte zunächst zurückhält, damit die Motivation der Eltern, sich aktiv an der Lösungssuche zu beteiligen, nicht sinkt. So kann er in der nächsten Phase eigene Lösungsvorschläge einbringen. Auch hier sollte der Lehrer auf eine Bewertung der Elternvorschläge verzichten. Stattdessen kann er auf die Vorschläge der Eltern eingehen und diese ergänzen. Diesbezüglich hebt Roggenkamp hervor, dass der Lehrer sowohl die Vorschläge der Eltern als auch seine eigenen schriftlich festhalten muss. Anschließend können die Vorschläge in der darauf folgenden Phase gemeinsam bewertet werden. Dazu können die gemeinsam erarbeiteten Ideen betrachtet werden. Zudem sollte der Lehrer die Lösungen kurz zusammenfassen, indem er sie thematisch ordnet. Hier kann man schließlich gemeinsam abwägen, was für einen Vorschlag spricht und was dagegen. In der vorletzten Phase geht es nun darum, die Ergebnisse noch einmal in Form konkreter Vereinbarungen zusammenzufassen. Ziel ist es, die gefundenen Lösungen in Maßnahmen umzusetzen, die die gewünschten Veränderungen bringen sollen (vgl. Roggenkamp 2014, S. 31f.). „Die Entscheidung darüber muss von allen Beteiligten getragen werden, sonst wird sie keinen Bestand haben" (ebd.). Abschließend folgt die Phase der Verabschiedung, die genauso bedeutsam ist wie die Begrüßung. Auch hier geht es darum, den Eltern Wertschätzung entgegenzubringen. So sollte der Lehrer den Eltern für das Gespräch danken und seine Anerkennung dafür ausdrücken, dass sich die Eltern aktiv an der Problemerhellung und der Lösungssuche beteiligt haben. Auf diese Weise kann die Beziehungsebene langfristig gestärkt werden, sodass zukünftige Gespräche reibungsloser ablaufen und Konflikte vermieden werden können (vgl. Roggenkamp 2014, S. 37).

Dennoch können in einem Elterngespräch auch Konflikte auftreten, die im Folgenden thematisiert werden sollen.

### 7.5 Schwierige Gesprächssituationen/ Konflikte

Oft kommt es vor, dass in Gesprächen zwischen Lehrern und Eltern gegensätzliche Ansichten aufeinander treffen, sodass immer mit Konflikten zu rechnen ist (Rother 2014, S. 38). Die Eltern zeigen sich vielleicht aufgebracht oder wütend und beschuldigen die Schule oder den Lehrer, nicht richtig gehandelt zu haben. Dies kann die Kooperation erheblich beeinträchtigen (vgl. Palzkill; Müller; Schute 2015, S. 78). Zur kooperativen Konfliktlösung zwischen Elternhaus und Schule geben Hennig und Ehinger (2014, S. 119) einige Anregungen. Demzufolge muss als Grundvoraussetzung zunächst der Wille des Lehrers vorhanden sein, gemeinsam und kooperativ ein Ziel und den Weg zum Ziel zu definieren. Des Weiteren sollte der Lehrer seine Konfliktpartner bei der Suche nach Lösungsmöglichkeiten respektieren. Es darf jedoch, vor dem Hintergrund des Respektes der Person, durchaus um Sachen und Verhalten gestritten werden (vgl. ebd.). Dabei ist es wichtig, dass der Lehrer die Inhalts- und Beziehungsebene berücksichtigt und auseinander hält. Auf diese Weise gelingt es ihm, die Kontrahenten trotz gegenteiliger Standpunkte fair zu behandeln. Als eine weitere Anregung wird der Aspekt des „Zuhörens" genannt. So sollte der Lehrer versuchen, die Probleme und Sichtweisen der Eltern zu verstehen und Empathie zu entwickeln. Hierbei hat das „aktive Zuhören" einen hohen Stellenwert. Im Hinblick darauf ist es relevant, dass der Lehrer die Eltern ausreden lässt und an ihren Beiträgen anknüpft. Auch eine geäußerte Kritik sollte er sich zunächst anhören und auf sich wirken lassen bevor er darauf reagiert. Ferner sollte der Lehrer den Mut zeigen, Dinge anzusprechen, die Unzufriedenheit erregen. Dabei sollte sich seine Kritik nicht auf die Person, sondern auf das Verhalten oder die Sache richten. So sollen Schuldzuweisungen und Vorwürfe vermieden werden, da sie in Sackgassen führen. Darüber hinaus wird „die Echtheit" als eine weitere Anregung aufgeführt. Demnach sollte alles, was der Lehrer sprachlich mitteilt, auch seinen Gefühlen entsprechen. Weiterhin betonen Hennig und Ehinger, dass der Lehrer seinen Standpunkt deutlich machen sollte und seine Ziele und Interessen klar, selbstbewusst und adressatenbezogen formulieren sollte, auch wenn er dadurch angreifbar wird. Allerdings sollte er auf eine strikte Durchsetzung seines Standpunktes verzichten und kompromissbereit sein. Zudem sollte der Lehrer nicht sofort mit einem Gegenangriff oder einer Rechtfertigung reagieren, wenn er sich ungerecht behandelt fühlt. Wichtig ist hier, dass er sich zunächst zurückhält, Distanz gewinnt und sich entspannt. Anschließend kann er den Eltern seine Gefühle diesbezüglich mitteilen. Des Weiteren sollte der Lehrer den Eltern seine Erwartungen vermitteln und daran interessiert sein, auch ihre Erwartungen zu erfahren. Es wird jedoch angemerkt, dass man nicht einen Anspruch darauf hat, dass alle Erwartungen erfüllt werden (vgl. Hennig; Ehinger 2014, S. 120). Schließlich werden als letzte Anregung die „Bemühungen um Übereinstimmung in Fragen der Leistungsanforderung, Grenzziehung, Verantwortung, pädagogischen Ziele" genannt (ebd.).

Nachdem vermittelt wurde, wie Lehrer Elterngespräche erfolgreich durchführen können, soll nun die medienpädagogische Elternberatung vorgestellt werden.

## 8 Medienpädagogische Elternberatung

In der medienpädagogischen Elternarbeit es wichtig, dass den Eltern zunächst Informationen über ihre Rolle im Prozess der Mediensozialisation vermittelt werden. Auch Möglichkeiten der Medienerziehung, sowie der Medienbewertung und Medienkritik sollten ersichtlich werden. Zusätzlich sollte angestrebt werden, dass Eltern den eigenen Medienumgang reflektieren, da das medienbezogene (Problem-) Verhalten von Eltern einen großen Einfluss auf die Mediennutzung der Schüler/innen hat (vgl. Walberg 2008, S. 7). So wissen viele Eltern nicht, wie stark sich ihre eigene Mediennutzung auf die Mediensozialisation ihrer Kinder auswirkt. Entsprechend sind sie sich ihrer wichtigen Rolle im Prozess der Mediensozialisation nicht bewusst und sind kaum darüber informiert, welche Risiken die Mediennutzung für ihre Kinder birgt. „Häufig haben die Eltern kein Problembewusstsein - weder für den Medienkonsum ihrer Kinder, noch für den eigenen - und verfolgen keine durchgängige Linie der Medienerziehung" (ebd.). Dies kann dazu führen, dass Schüler/innen den Eindruck von Beliebigkeit vermittelt bekommen, wodurch sie verwirrt werden (vgl. ebd., S. 5). Auch Bleckmann et al. (2013, S. 23) verdeutlichen, dass ein hoher elterlicher Medienkonsum nicht nur mit einem hohen Medienkonsum der Kinder und Jugendlichen einhergeht, sondern langfristig auch mit deutlichen Beeinträchtigungen der kindlichen Entwicklung. So können sich Schüler/innen durch einen hohen Mediengebrauch ihrer Eltern vernachlässigt fühlen.

„Ziel medienpädagogischer Interventionen kann es sein, die häusliche Mediennutzungssituation 'ins Bewusstsein zu heben' und so der Reflexion und Veränderung zugänglich zu machen" (Walberg 2008, S. 7). So muss in der medienpädagogischen Elternberatung zunächst beachtet werden, dass vielen Eltern Ideen und Möglichkeiten für die Befriedigung ihrer Bedürfnisse und die Gestaltung ihres Alltags fehlen. Diese Eltern brauchen Unterstützung beim Erwerb einer umfassenden „Alltagskompetenz", wobei der angemessene Umgang mit Medien berücksichtigt werden muss (vgl. ebd.). Daher müssen sich zielgruppenspezifische Angebote dadurch auszeichnen, dass sie in Bezug auf Sprache und Anspruch an Möglichkeiten und Bedürfnisse von Eltern angepasst sind. Diese Angebote sollten leicht verständlich und konkret sein, unmittelbaren Gewinn versprechen und sich sofort praktisch umsetzen lassen. Zudem sind kostengünstige oder kostenneutrale Angebote, die niedrigschwellig erreichbar sind, sinnvoll. In diesem Zusammenhang verdeutlicht Walberg, dass einerseits die Eltern „abgeholt" werden müssen, andererseits grundsätzliche pädagogische Ansprüche an die Elternarbeit - wie Anregung der Zielgruppe zur Reflexion, Nachhaltigkeit der Maßnahme, Orientierung an aktueller pädagogischer Theorie - nicht aufgegeben werden dürfen. Wenn die Konzepte pädagogisch zu ambitioniert sind, kommen sie bei den Eltern nicht an, sind sie dagegen zu eng an Lebensstile und Handlungsmuster der Eltern angepasst, bleibt der pädagogische Effekt aus (vgl. ebd., S. 8f.).

## 8.1 Wie Eltern ihre Kinder im Umgang mit Medien stärken können

„Die Familie ist der Ort, an dem die ersten Weichen für die Mediennutzung von Heranwachsenden gestellt werden" (Eder 2012, S. 189). So finden die Auseinandersetzungen und Aushandlungsprozesse über Mediennutzungsverhalten in der Regel zuhause zwischen Eltern und Kindern statt. In diesem Sinne wird betont, dass die stetige Weiterentwicklung von Medien dazu führt, dass auch Eltern vor immer neuen Herausforderungen stehen. Diesbezüglich sehen sich Eltern oftmals in ihrer Vorbild- und Erziehungsfunktion überfordert. So stoßen sie durch die exzessive Mediennutzung ihrer Kinder an ihre Grenzen und wissen nicht mehr weiter. Gerade bei Schüler/innen der Sekundarstufe I, bei denen eher die Peergroup die Mediennutzung beeinflusst, sind Eltern gefordert, Regeln zum Umgang mit Medien zu formulieren, Vereinbarungen mit ihren Kindern zu treffen und sich über Mediennutzungsstile und -zeiten auszutauschen (vgl. ebd., S. 189f.). So ist es hilfreich, wenn Eltern gemeinsam mit ihren Kindern Medien nutzen und gemeinsam Zeit in den jeweiligen Medienwelten verbringen. „Die gemeinsamen Medienzeiten stellen einen der wichtigsten Punkte für die innerfamiliären Medienbildungsprozesse dar" (Weber 2012, S. 108). Auf diese Weise können Standpunkte, Meinungen, Motivation und Befürchtungen erkannt und ausgetauscht werden. Zudem zeigen Eltern dadurch ihr Interesse an der Leidenschaft ihrer Kinder und können mit ihnen über Spielmotive, Vorlieben und Spielverhalten sprechen (vgl. Mücken 2012, S. 237f.). So würden die Eltern die Beziehungen zu ihren Kindern stärken und ihnen vermitteln, dass sie ihnen als Ansprechpartner zur Verfügung stehen. Als eine weitere Empfehlung führt Mücken das „Informiert sein" auf. Gemeint ist damit, dass Eltern sich über die mediale Lebenswelt ihrer Kinder differenziert hinsichtlich der Inhalte, des Suchtpotenzials und der Alterskennzeichnung informieren. Damit hätten sie auch für Diskussionen mit ihren Kindern eine gute Grundlage. Auch Grenzen und Regeln, die konsequent vertreten werden sollten, sind ein wichtiger Baustein der Medienerziehung (vgl. ebd., S. 238).

Demnach ist der richtige Weg für Eltern, ihre Kinder in der Mediennutzung zu begleiten, „im Gespräch zu bleiben, sich für die Mediennutzung zu interessieren,

Normen und Werte, die in jeder Realität Gültigkeit haben, zu vermitteln und für medienfreie Zeit, wo sie vereinbart ist, alternative Angebote zu schaffen" (AWO).

## 8.2 Mediensuchtprävention

Für die Prävention von Mediensucht nennen Bleckmann et al. (2013, S. 15) Handlungsalternativen, die auch bei Schüler(n)/innen der Sekundarstufe I umgesetzt werden können.

In der Elternberatung sollte vermittelt werden, dass direktes Ansetzen an einer Begrenzung der Ausstattungsquote als wichtige Stellschraube im Bereich der Reduktion problematischer Bildschirmmediennutzung gilt. Es wurde nämlich bewiesen, dass der Mediengebrauch der Schüler/innen mit einer Vollausstattung mit Bildschirmgeräten erheblich stärker ist als bei denjenigen ohne Bildschirmgeräte im Zimmer (vgl. Bleckmann et al. 2013, S. 15). Darüber hinaus sollten Eltern in der Beratung ermutigt werden, immer wieder alternative Freizeitgestaltung anzubieten und die Jugendlichen bei der Umsetzung zu unterstützen. Dabei sollten die Eltern beachten, dass die Angebote angenehme und attraktive Beschäftigungen darstellen, da eine ausgewogene Freizeitgestaltung mit positiven Erlebnissen und der Möglichkeit zur aktiven Stressbewältigung stabilisierend wirkt und vor der Entwicklung einer Abhängigkeitserkrankung schützt (vgl. Mücken 2012, S. 238). Zudem sollten die Beratungsbedürfnisse der Familien beachtet werden. So wird die Transparenz der Familienstrukturen als eine Voraussetzung für die erfolgreiche Zielgruppenansprache angesehen (vgl. Bleckmann et al. 2013, S. 24). „Diese Transparenz trägt auch dazu bei, medienpädagogische Materialien und Veranstaltungen so zu konzipieren, dass sie bei der Zielgruppe auf Nachfrage und Akzeptanz stoßen und die Chance beinhalten, das medienerzieherische Verhalten in den Familien wirkungsvoll zu beeinflussen" (ebd.). Hinzu kommt die Empfehlung, an den Stärken der Eltern anzusetzen und nicht an den Defiziten. So sollte die „Stärkung des Erziehungswillens der Eltern, Ermutigung zu mündigem Handeln innerhalb einer bewusst gemachten Elternrolle" angestrebt werden (ebd., S. 27). Ferner kann auch die Unterstützung einer „Solidarisierung von Elterngruppen" zum Ziel gesetzt werden, was in Bezug auf die Vermeidung problematischer Bildschirmmediennutzung bei Schüler(n)/innen als besonders wichtiges Ziel betrachtet werden kann. Denn durch Gruppendruck innerhalb von Klassengemeinschaften entsteht oftmals bei Schüler(n)/innen der Sekundarstufe I innerhalb kurzer Zeit ein Drang, das Problemverhalten einzelner Mitschüler zu kopieren. Dies wird wiederum als Druck auf die Eltern ausgeübt, indem die Schüler/innen sich darauf beziehen, dass „alle anderen das aber dürften". So könnten Eltern sich diesem Druck besser widersetzen, wenn sie sich untereinander solidarisch verhalten und sich miteinander absprechen (vgl. ebd.).

Des Weiteren betonen Bleckmann et al., dass für den Bereich der Prävention gegen problematische bzw. suchtartige Bildschirmmediennutzung bei Schüler(n)/innen ein Ansetzen bereits vor der Grenze zur eindeutig suchtartigen Nutzung wichtig ist. Wenn erst kurz vor einem Abrutschen in eindeutig suchtartige Nutzungsmuster gehandelt wird, kann zwar vielleicht noch das „Schlimmste" verhindert werden, aber das „Schlimme" ist schon längst geschehen (vgl. ebd., S. 33). Eine wirksame Vorbeugung gegen Mediensucht kann erreicht werden „durch die Förderung realweltlicher Selbstwirksamkeitserlebnisse, durch die Förderung von Fähigkeiten zur Stressbewältigung, durch die Unterstützung der Beziehungsqualität zwischen Eltern und Kind, sowie durch Einübung der Fähigkeit, zu Verhaltensweisen „Nein" zu sagen, die in der Peergroup tatsächlich oder vermeintlich üblich sind und durch Gruppendruck erzwungen werden (social resistance)" (ebd., S. 36). So müssen in der Prävention exzessiver Mediennutzung insbesondere soziale Fähigkeiten trainiert werden, um beispielsweise die Selbstwahrnehmung der Schüler/innen zu stärken oder um kompetent mit Stress und Belastungen umzugehen (vgl. ebd.).

## 9 Fazit

Im Rahmen dieser Arbeit hat sich herausgestellt, welche Rolle die Medien in der Lebenswelt der Schüler/innen der Sekundarstufe I spielen und mit welchen Entwicklungen besonders intensive Medienkonsummuster einhergehen. So ist es zu erkennen, dass digitale Medien einen enormen Stellenwert für die Schüler/innen haben. Besonders die Bildschirmmedien haben hier eine präferierte Behandlung erfahren und nehmen einen nicht zu verachtenden Bestandteil im täglichen Freizeit- und Konsumverhalten ein. Den Schüler(n)/innen wird durch die ubiquitäre Verfügbarkeit von modernen Medien jederzeitiger Zugang zu virtuellen Lebenswelten ermöglicht. Diesbezüglich hat auch die JIM-Studie verdeutlicht, dass Haushalte, in denen Jugendliche heute leben, in hohem Maße mit Mediengeräten ausgestattet sind.

So stellt die exzessive Mediennutzung der Schüler/innen ihre Eltern vor große Herausforderungen. Dies hat zur Folge, dass sich viele Eltern im Umgang mit ihren exzessiv Medien konsumierenden Kindern oft vollkommen hilflos fühlen. Allerdings kann darüber diskutiert werden, ob Eltern nicht durch ihren eigenen Medienkonsum zu der exzessiven Mediennutzung ihrer Kinder beitragen. Während Eltern nämlich meistens darum bemüht sind, ihre Kinder auf die Gefahren des Konsums von Suchtmitteln wie Alkohol und illegalen Drogen aufmerksam zu machen und sie davor zu schützen, wird der Konsum von Medien dagegen oft vorgelebt und unterstützt. Viele Eltern führen durch den eigenen Konsum ihre Kinder bereits früh an die modernen Medien heran. Darüber hinaus wird der Umgang mit den Medien von vielen Eltern zusätzlich unterstützt, da sie die Hoffnung haben, dass hohe Kompetenzen im Umgang mit den modernen Medien die Chancen ihrer Kinder in der Schule und später auf dem Arbeitsmarkt fördern. Daher sorgen sie für eine Ausstattung der Kinderzimmer mit den entsprechenden Medien. Das Suchtpotenzial der Medien ist den Eltern in diesem Zusammenhang oft gar nicht bewusst. Es wird jedoch deutlich, welche weitreichende Bedeutung den Eltern im Prozess der Mediensozialisation zukommt. Die Familie ist nämlich eine zentrale Schaltstelle für die Vermittlung von Medienkompetenz. Es ist daher essentiell, dass Eltern vor allem ihren eigenen Medienumgang reflektieren.

Zudem sollte in der Elternberatung die Bedeutung des Erwerbs von Kenntnissen über die Mediengewohnheiten der Kinder vermittelt werden. Eltern benötigen nämlich mehr Informationen über die sich rasch wandelnden und ausdifferenzierenden Medienwelten ihrer Kinder. Auf diese Weise würden sie auch Interesse an der Leidenschaft ihrer Kinder zeigen, sodass diese sich ernst genommen fühlen würden. Dadurch würden die Eltern die Beziehungen zu ihren Kindern stärken und Vertrauen schaffen. Trotz eines Vertrauensverhältnisses ist es jedoch relevant, dass Eltern gleichfalls konsequent sind. Demzufolge muss für eine bewusste Steuerung und Medienerziehung das Einhalten von Regeln umgesetzt werden. So sollten eingeschränkte Nutzungszeiten für alle möglichen Bildschirmmedienformate in Absprache mit den Kindern eingeführt werden. Ferner sollte in der Elternberatung der Stellenwert alternativer Freizeitgestaltung hervorgehoben werden, was Schüler/innen davor bewahrt, zumindest einen Großteil ihrer Freizeit mit unterhaltsamen Medien zu verschwenden.

Insgesamt gesehen dient die Medienerziehung vor allem als Präventionsmaßnahme, die verhindern soll, dass sich bei Schüler(n)/innen die Mediensucht entwickelt.

## 10 Literaturverzeichnis

Barsch, A.; Erlinger H-D. (2002): Medienpädagogik. Eine Einführung. Stuttgart.

Baier, D.; Rehbein, F. (2010): Computerspielabhängigkeit bei Jugendlichen. In: Dittler, U.; Hoyer, M. (Hrsg.), Zwischen Kompetenzerwerb und Mediensucht. Chancen und Gefahren des Aufwachsens in digitalen Erlebniswelten aus medienpsychologischer und medienpädagogischer Sicht. München.

Bonfadelli, H.; Darkow, M.; Eckhardt, J. et al. (1986): Jugend und Medien. Eine

Studie der ARD/ZDF-Medienkommission und der Bertelsmann Stiftung. In: Berg, K.; Kiefer, M. L. (Hrsg.), Schriftenreihe Media Perspektiven 6. Frankfurt am Main.

Burger, T. (2013): Social Media und Schule. 1. Aufl., Hamburg.

Daum, M. (2012): Familie im Wandel – Das Handy gibt einige Antworten. In: Bischoff, S.; Geiger, G.; Holnick, P. et al. (Hrsg.), Familie 2020. Aufwachsen in der digitalen Welt. Opladen, Berlin & Toronto.

Dittler, U.; Hoyer, M. (2010): Zwischen Kompetenzerwerb und Mediensucht. Chancen und Gefahren des Aufwachsens in digitalen Erlebniswelten aus medienpsychologischer und medienpädagogischer Sicht. München.

Eder, S. (2012): Bleiben Sie dran! Bieten Sie an! In: Bischoff, S.; Geiger, G.; Holnick, P. Et al. (Hrsg.), Familie 2020: Aufwachsen in der digitalen Welt. Opladen, Berlin & Toronto.

Fangerau, N.; Kegel, K.; Petersen, K.W. et al. In: DZSKJ (Hrsg.), Für Jugendliche. Informationen zum Thema Computersucht für junge Menschen ab 12 Jahren, die viel online sind. Hamburg.

Fangerau, N.; Kegel, K.; Petersen, K.W. et al. In: DZSKJ (Hrsg.), Für Angehörige, Lehrer & Ausbilder. Informationen Thema Computersucht für Menschen, die sich um jemanden sorgen, der viel online ist. Hamburg.

Feil, C. (2010): Internetnutzung der Kinder und Jugendlichen: Verbreitung und Häufigkeit. In: Fuhs, B.; Lampert, C.; Rosenstock,

R. (Hrsg.), Mit der Welt vernetzt. Kinder und Jugendliche in virtuellen Erfahrungsräumen. München.

Feierabend, S. (2010): Internetnutzung im Jugendalter. In: Fuhs, B.; Lampert, C.; Rosenstock, R. (Hrsg.), Mit der Welt vernetzt. Kinder und Jugendliche in virtuellen Erfahrungsräumen. München.

Guth, B. (2010): Kinderwelten 2008. Zur Rolle des Web 2.0 bei den 8- bis 14Jährigen. In: Fuhs, B.; Lampert, C.; Rosenstock, R. (Hrsg.), Mit der Welt vernetzt. Kinder und Jugendliche in virtuellen Erfahrungsräumen. München.

Hainz, I. (1991): Jugendmedienschutz und Medienpädagogik. München: 60-62.

Hennig, C.; Ehinger, W. (2014): Das Elterngespräch in der Schule. 7. Aufl., Donauwörth: 82-84.

Hüther, J. (2005): Neue Medien. In: Hüther, J.; Schorb, B. (Hrsg.). Grundbegriffe Medienpädagogik. München: 345-351.

Jütting, H. (2003): Freiwilliges Engagement von Jugendlichen – Eine empirische Fallstudie über AbsolventInnen des European Voluntary Service. Bremen.

Kammerl, R.; Hirschhäuser, L.; Rosenkranz, M. et al. (2012): EXIF – Exzessive Internetnutzung in Familien. Zusammenhänge zwischen der exzessiven Computer- und Internetnutzung Jugendlicher und dem (medien-)erzieherischen Handeln in den Familien. Berlin.

Klein, M. (2008): Kinder und Suchtgefahren: Risiken, Prävention, Hilfen. Stuttgart: 2-4.

Kliebisch, U. W.; Meloefski, R. (2011): Beratungstrainer für junge Lehrer. Buxtehude.

Krüger, H. H.; Grunert, C. (2010): Handbuch Kindheits- und Jugendforschung. 2., aktualisierte und erw. Aufl., Wiesbaden.

Mößle, T.; Bleckmann, P.; Rebein, F. et al. (2012): Der Einfluss der Medien auf die Schulleistungen. In: Möller, C. (Hrsg.), Internet- und Computersucht. Ein Praxishandbuch für Therapeuten, Pädagogen und Eltern. 1. Aufl., Stuttgart.

Mücken, D. (2012): Prävention der Medien- und Computersucht. In: Möller, C. (Hrsg.), Internet-und Computersucht. Ein Praxishandbuch für Therapeuten, Pädagogen und Eltern. 1. Aufl., Stuttgart.

Palzkill, B.; Müller, G.; Schute, E. (2015): Erfolgreiche Gesprächsführung in der Schule. Grenzen ziehen, Konflikte lösen, beraten. 1. Aufl., Berlin: 70-72.

Peuckert, R. (2012): Familienformen im sozialen Wandel. 8. Aufl., Münster: 1117.

Raschke, M. (2010): Identitätsentwicklungen in virtuellen Bühnenräumen. Junge Menschen nutzen neue Medien. In: Dittler, U.; Hoyer, M. (Hrsg.), Zwischen Kompetenzerwerb und Mediensucht. Chancen und Gefahren des Aufwachsens in digitalen Erlebniswelten aus medienpsychologischer und medienpädagogischer Sicht. München.

Rathgeb, T. (2012): JIM-STUDIE 2010. Das Medienverhalten von Jugendlichen in Deutschland. In: Bischoff, S.; Geiger, G.; Holnick, P. et al. (Hrsg.), Familie 2020: Aufwachsen in der digitalen Welt. Opladen, Berlin & Toronto.

Roggenkamp, A.; Rother, T.; Schneider, J. (2014): Schwierige Elterngespräche erfolgreich meistern – Das Praxisbuch. 1. Aufl., Donauwörth: 7-77.

Rommeley, J. (2014): Exzessive Mediennutzung von Jugendlichen. Analyse der subjektiven Perspektive Jugendlicher auf problematischen Medienumgang. Erfurt.

Schachtner, C. (2005): Neue Medien. In: Otto, H.U.; Thiersch, H. (Hrsg.), Handbuch Sozialarbeit Sozialpädagogik. 3. Aufl., München; Basel:1278-1285.

Spitzer, M. (2006): Vorsicht Bildschirm! Elektronische Medien, Gehirnentwicklung, Gesundheit und Gesellschaft. München.

Spitzer, M. (2012): Entwicklungspsychopathologische Aspekte der Medien- und Computersucht. In: Möller, C. (Hrsg.), Internet-und Computersucht. Ein Praxishandbuch für Therapeuten, Pädagogen und Eltern. 1. Aufl., Stuttgart.

Strauf, H. (2015): Mediensucht: Abhängigkeit von digitalen Medien erkennen und vorbeugen. Hamburg.

Teske, A. (2009): Medienabhängigkeit bei Kindern und Jugendlichen. In: Menzel, D.; Wiater, W. (Hrsg.), Verhaltensauffällige Schüler. Symptome, Ursachen und Handlungsmöglichkeiten. Bad Heilbrunn.

Thomasius, R; Aden, A.; Petersen, K. U. (2012): Jugendpsychiatrische Aspekte der Medien-und Computersucht. In: Möller, C. (Hrsg.), Internet-und Computersucht. Ein Praxishandbuch für Therapeuten, Pädagogen und Eltern. 1. Aufl., Stuttgart.

Tulodziecki, G. (1997): Medien in Erziehung und Bildung. 3., überarb. und erw. Aufl. Bad Heilbrunn.

Vukicevic, A.; Wildt, B. (2012): Diagnostik der Internet-und Computerspielabhängigkeit. In: Möller, C. (Hrsg.), Internet-und Computersucht. Ein Praxishandbuch für Therapeuten, Pädagogen und Eltern. 1. Aufl., Stuttgart.

Wagner, U.; Gebel, C.; Lampert, C. (2013): Zwischen Anspruch und Alltagsbewältigung: Medienerziehung in der Familie. Band 72. Düsseldorf.

Walberg, H. (2008): Wie erreichen wir die Eltern? Medienkompetenzvermittlung in „Problemfamilien". In: Dörken-Kucharz, T. (Hrsg.): Medienkompetenz. Zauberwort oder Leerformel des Jugendmedienschutzes?. Baden-Baden: 97107.

Weber, M. (2012): Temporär beschleunigt und dauerhaft im Wandel. In: Bischoff, S.; Geiger, G.; Holnick, P. et al. (Hrsg.), Familie 2020. Aufwachsen in der digitalen Welt. Opladen, Berlin & Toronto.

Würzer, E.; Zellweger, T. (2013): Schulalltag konkret. Was Lehrpersonen beschäftigt. 1. Aufl., Bern.

**Internetquellen**

AWO: Eltern drücken die Schulbank http://www.jum-sch.info/2013/02/28/elterndrucken-die-schulbank/ [15.06.2016]

DrogenGenussKultur http://www.drogen-kult.net/?file=text006&view=2 [13.05.2016]

Gesetz- und Verordnungsblatt (GV.NRW.) (2002): Bekanntmachung der Neufassung der Allgemeinen Schulordnung (AschO). § 39 Elternberatung. https://recht.nrw.de/lmi/owa/br_vbl_detail_text?anw_nr=6&vd_id=3238&vd_back=N314&sg=&menu=1 [27.05.2016]

Kulhay, J. (2013): Mediennutzungsverhalten der Eltern. In: Konrad Adenauer Stiftung (Hrsg.), Die Mediengeneration. Jugendliche, ihr Medienkonsum und ihre Mediennutzung. Band 11. Berlin: 27-29. http://www.kas.de/wf/doc/kas_33767-544-1-30.pdf?130313111732 [28.05.2016]

Lexikon der Psychologie. Beratung http://www.spektrum.de/lexikon/psychologie/beratung/2133 [27.05.2016]

Medienpädagogischer Forschungsverbund Südwest: FIM-Studie 2011, http://www.mpfs.de/fileadmin/FIM/FIM2011.pdf [28.05.2016] Medienpädagogischer Forschungsverbund Südwest: JIM-Studie 2015, http://www.mpfs.de/fileadmin/JIM-pdf15/JIM_2015.pdf [17.05.2016]

Mößle, T. (2009): Gefährden Bildschirmmedien den Schulerfolg? http://www.achimschad.de/mediapool/86/864596/data/Bildschirmmedien_und_Schulerfolg.pdf [14.05.2016]

Münchmeier, R. (1998): Jugend als Konstrukt. Zum Verschwimmen des Jugendkonzepts in der "Entstrukturierung" der Jugendphase - Anmerkungen zur

12. Shell-Jugendstudie. http://www.pedocs.de/volltexte/2011/4502/pdf/ZfE_1998_01_Muenchmeier_Jug end_Konstrukt_D_A.pdf

Mücken, D.: Was ist Medienabhängigkeit? http://www.drogenbeauftragte.de/fileadmin/dateiendba/DrogenundSucht/Computerspiele_Internetsucht/Downloads/Methodenhand buch_Medienabhaengigkeit_ansichts.pdf [13.05.2016]

Posse, N.: Beratung in der Schule. In: Landesinstitut für Schule und Weiterbildung (Hrsg.), Suchtvorbeugung in den Schulen der Sekundarstufen I und II. Band II: Suchtvorbeugung im Unterricht (Unterrichtsbaukasten), Beratung, Elternarbeit. Soest. http://www.bug-nrw.de/cms/upload/pdf/Kap0202_BerSchule.pdf

UKE-Deutsches Zentrum für Suchtfragen des Kindes- und Jugendalters http://www.uke.de/kliniken-institute/zentren/deutsches-zentrum-fuersuchtfragen-des-kindes-und-jugendalters/ueber-das-zentrum/index.html

Wortwuchs: Vier-Ohren-Modell http://wortwuchs.net/vier-ohren-modell/ [04.06.2016]

# Anhang

The Compulsive Internet Use Scale (CIUS)

Instruction: The following questions should be answered about your use of the internet for private purposes. Answers can be given on a 5-point scale:

(0) Never, (1) Seldom, (2) Sometimes, (3) Often, (4) Very often.

1. How often do you find it difficult to stop using the internet when you are online?
2. How often do you continue to use the internet despite your intention to stop?
3. How often do others (e.g. partner, children, parents, friends) say you should use the internet less?
4. How often do you prefer to use the internet instead of spending time with others (e.g. partner, children, parents, friends)?
5. How often are you short of sleep because of the internet?
6. How often do you think about the internet, even when not online?
7. How often do you look forward to your next internet session?
8. How often do you think you should use the internet less often?
9. How often have you unsuccessfully tried to spend less time on the internet?
10. How often do you rush through your (home) work in order to go on the internet?
11. How often do you neglect your daily obligations (work, school or family life) because you prefer to go on the internet?
12. How often do you go on the internet when you are feeling down?
13. How often do you use the internet to escape from your sorrows or get relief from negative feelings?
14. How often do you feel restless, frustrated, or irritated when you cannot use the internet?

aus: Gert-Jan Meerkerk: *Pwned by the Internet. Explorative research into the causes and consequences of compulsive internet use.* Diss. U Rotterdam 2007. S. 140.